Evo grmi
glasom
jakim

„*Koji sjedi na nebesima,
nebesa iskonskih;
evo,
grmi glasom
jakim.*"
(Psalmi 68:33)

Evo grmi glasom jakim

Dr. Džerok Li

Evo grmi glasom jakim od strane dr. Džeroka Lija
Objavile Urim knjige (Predstavnik: Johnny. H. Kim)
73, Yeouidaebang-ro 22-gil, Dongjak-gu, Seul, Koreja
www.urimbooks.com

Sva prava su zadržana. Ova knjiga ili njeni pojedini dijelovi ne smiju biti reprodukovani u bilo kojoj formi, ili biti smješteni u bilo kom renta sistemu, ili biti transmitovani bilo kojim načinom, elektronski, mehanički, fotokopiranjem, snimanjem, ili slično, bez prethodnog pismenog ovlašćenja izdavača.

Ukoliko nije drukčije navedeno, svi Biblijski navodi uzeti su iz Svetog Pisma, NOVA AMERIČKA STANDARDNA BIBLIJA, ®, Autorska Prava© 1960, 1962, 1963, 1968, 1971, 1972, 1973, 1975, 1977, 1995 od strane The Lockman Foundation. Korišćeno uz dozvolu.

Autorska prava © 2015 od strane dr. Džerok Lija
ISBN: 979-11-263-1211-5 03230
Prevodilačka Autorska Prava ©2013, dr. Ester K. Čung (Dr. Esther K. Chung). Korišćeno uz dozvolu.

Prvo izdanje u Septembru 2023.god.

Prethodno objavljeno u Koreji 2011.god., od strane Urim Knjiga u Seulu, Koreja

Uredio dr. Geumsun Vin
Dizajnirao urednički biro Urim Books
Štampano od Prione štampa
Za više informacija kontaktirajte: urimbook@hotmail.com

Poruka o objavljivanju

Sa nadom da će svi čitaoci primiti odgovore i blagoslove kroz prvobitan glas, koji je prepun djela stvaranja...

Postoje mnogo vrsta duša na ovoj zemlji. To su prelijepi cvrkuti ptica, nevin smijeh beba, navijanje mase ljudi, zvuk motora i zvuk muzike. Ovo su zvukavi koji su u opsegu zvučne frekvencije a postoje takođe i drugi zvukovi poput ultrazvuka koje ljudi ne mogu čuti.

Ako je frekvencija zvuka previše jaka ili previše slaba, mi ne možemo da je čujemo iako zaista postoji. Šta više, postoje zvukovi koje mi možemo da čujemo samo sa našim srcem. To je nešto poput glasa naše savjesti. A koji bi bio najljepši i najmoćniji zvuk? To je „prvobitan glas" koji je izgovoren od Boga Stvoritelja, koji je porijeklo svega.

„Koji sjedi na nebesima, nebesa iskonskih; evo, grmi glasom jakim" (Psalmi 68:33).

"...gle, slava Boga Izrailjevog dohođaše od istoka. I glas Mu bješe kao glas velike vode, i zemlja se sjaše od slave Njegove" (Jezekilj 43.2).

U početku, Bog je prekrio cijeli univezum kao Svjetlost koja je sadržala jaki glas (1. Jovanova Poslanica 1:5). Onda, On je planirao „ljudsku kultivcaciju" da bi stekao iskrenu djecu sa kojom će On moći da podjeli iskrenu ljubav i počeo je da postoji kao Trojedini Bog, kao Otac, Sin i Sveti Duh. Prvobitan glas je bio u Sinu i Svetom Duhu kao što je i bio u Ocu.

Kada je došlo vrijeme, Trojedini Bog je progovorio prvobitnim glasom da bi stvorio nebesa i zemlju i sve stvari u njima. On je rekao: „Neka bude svjetlost," „Neka se sabere voda što je pod nebom na jedno mjesto, i neka se pokaže suvo," „Neka pusti zemlja iz sebe travu, bilje, što nosi sjeme, i drvo rodno, koje rađa rod po svojim vrstama, u kome će biti sjeme njegovo na zemlji," „Neka budu vidjela na svodu nebeskom, da djele dan i noć," „Neka vrve po vodi žive duše, i ptice neka lete iznad zemlje pod svod nebeski" (Postanak 1:3; 1:9; 1:11; 1:14; 1:20).

Prema tome, sve stvorene stvari mogle su da čuju prvobitan glas izgovoren od strane Trojedinog Boga, i povinovale su se prevazilazeći prostor i vrijeme. U četiri jevanđelja, čak i nežive stvari, vjetar i talasi su se smirili kada je Isus progovorio prvobitnim glasom (Jevanđelje po Luki 8:24-25). Kada je On rekao paralizovanom čovjeku: „Opraštaju ti se grijesi" i „Ustani, uzmi odar svoj i idi doma" (Jevanđelje po Mateju 9:6), on je ustao i vratio se kući. Oni koji su posmatrali ovaj prizor bili su preplavljeni strahom i slavili su Boga koji je dao toliku vlast čovjeku.

Jevanđelje po Jovanu 14:12 kaže: „Zaista, zaista vam kažem, koji vjeruje Mene, djela koja Ja tvorim i on će tvoriti, i veća će od ovih tvoriti; jer Ja idem k Ocu Svom." Sada, na koji način mi možemo danas da iskusimo djela prvobitnog glasa? Mi možemo da pročitamo u Djelima Apostolskim da su ljudi bili iskorišćeni kao Božji instrumenti da bi manifestvovali Božju moć do te mjere da su odbacili zlo iz njihovih srca da bi kultivisali svetost u sebi.

Petar je rekao čovjeku koji nije mogao da hoda od rođenja da hoda u ime Isusa Hrista Nazarićanina i držao ga za ruke. Onda je čovjek ustao, hodao i skakao. Kada je On rekao Taviti, koja je bila mrtva: „Ustani," ona je oživjela. Kada je apostol Pavle oživeo mladog čovjeka zvanog Evtih i kada su maramice i kecelja nošene sa njegovog tijela bolesnima, bolest ih je napuštala i zli duhovi su ih napuštali.

Ovo djeloEvo grmi glasom jakim je poslednja knjiga u seriji „Svetost i moć." Ona nam pokazuje način da iskusimo moć Božju kroz prvobitan glas. Tu je takođe i upoznavanje sa pravim djelima Božje moći kako bi čitaoci mogli da primjene principe u svakodnevnom životu. Ovde su takođe i „primjeri iz Biblije" koji će pomoći čitaocima da razumiju duhovno kraljevstvo i principe u primanju odgovora.

Ja dajem zahvalnost Geunsum Vin, direktorki izdavačkog Biroa i osoblju i molim se u ime Gospoda da sto više ljudi dobije odgovore na molitve i blagoslove dok kušaju prvobitan glas koji manifestuje djela stvaranja.

Džerok Li

Predgovor

Uporedo sa razvitkom crkve, Bog je dozvolio da održimo „Dvonedjeljne učestale posebne službe preporoda," od 1993. godine do 2004. godine. To je bilo da Bog dozvoli članovima crkve da imaju duhovnu vjeru i da zavire u dimenziju dobrote, svjetlosti, ljubavi i moći Božje. Kako su godine prolazile, Bog im je dozvolio da iskuse u njihovim životima moć stvaranja koja je van prostora i vremena.

Poruke koje su se propovjedale na službama preporoda su sastavljene u serijama „Svetost i moć." Evo grmi glasom jakim nam govori o nekim dubokim duhovnim stvarima koje nisu široko poznate, kao što su: porijeklo Boga, porijeklo nebesa, djela moći koja su manifestvovana kroz prvobitan glas i kako da ih iskusimo u stvarnim životima.

Poglavlje 1, „Poijreklo" nam objašnjava o tome ko je zaista Bog, kako je On postojao i kako i zašto je stvorio ljudka bića. Poglavlje 2, „Nebesa" objašnjava činjenicu da postoje mnoga nebesa i da je Bog vladaoc nad svim nebesima. Ono nastavlja da na potvrđuje da mi možemo da dobijemo odgovore na svaki problem ako samo vjerujemo u ovog Boga, kroz primjer Nemana, đenerala vojske Sirije Arama. Poglavlje 3, „Trojedini Bog" govori o tome zašto je prvobitan Bog rastavio prostranstvo i počeo da postoji kao Trojedini Bog i koja je uloga Svete Trojice.

Poglavlje 4, „Pravda" raspravlja o pravdi Božjoj i kako mi možemo da dobijemo odgovore u skladu sa tom pravdom. Poglavlje 5, „Pokornost" nam govori o Isusu koji se povinovao Božjoj riječi u potpunosti i raspravlja da se mi takođe moramo povinovati Božjoj riječi da bi iskusili Božja djela. Poglavlje 6, „Vjera" otkriva da iako vjernici tvrde da vjeruju, postoji razlika u stepenu dobijanja odgovora, a takođe nas i uči da šta treba da uradimo da bi pokazali vrstu vjere sa kojom ćemo u potpunosti zaslužiti povjerenje Boga.

Poglavlje 7, „A vi šta mislite ko sam Ja?" govori o načinu na koji mi možemo da dobijemo odgovore na osnovu Petrovog primjera, koji je primio obećanje blagoslova kada je priznao da je

Isus Gospod iz dubine njegovog srca. Poglavlje 8, „Šta hoćeš da ti učinim?" objašnjava korak po korak proces kako je slijep čovjek dobio njegov odgovor. Poglavlje 9, „Kako si vjerovao neka ti bude" pokazuje tajnu kako je kapetan dobio njegov odgovor i predstavlja slučajeve pravog života naše crkve.

Kroz ovu knjigu, ja se molim u ime Gospoda da svi čitaoci razumiju porijeklo Boga i djela Trojedinog Boga i dobiju sve što su tražili kroz njihovo povinovanje i vjeru koja je u skladu sa pravdom, da bi mogli da daju slavu Bogu.

April, 2009. godina
Geumsun Vin,
Direktorka izdavačkog biroa

Sadržaj

Poruka o objavljivanju

Predgovor

Poglavlje 1	Porijeklo	· 1
Poglavlje 2	Nebesa	· 17
Poglavlje 3	Trojedini Bog	· 35

Primjeri iz Biblije I
Događaji koji su se dogodili kada se kapija drugog nebesa odtvorila u prvim nebesima

Poglavlje 4	Pravda	· 55
Poglavlje 5	Pokornost	· 73
Poglavlje 6	Vjera	· 91

Primjeri iz Biblije II
Treća nebesa i prostor treće dimenzije

Poglavlje 7	A vi šta mislite ko sam Ja?	· 109
Poglavlje 8	Šta hoćeš da ti učinim?	· 125
Poglavlje 9	Kako si vjerovao neka ti bude	· 141

Primjeri iz Biblije III
Moć Božja, onaj koji posjeduje četvrta nebesa

Poglavlje 1 Poreklo

> Ako razumijemo porijeklo Boga
> i kako je ljudska vrsta nastala,
> mi možemo da ispunimo potpunu dužnost čovjeka.

Porijeklo Boga

Prvobitni Bog planira ljudsku kultivaciju

Slika Trojedinog Boga

Bog je stvorio čovjeka da bi okupio iskrenu djecu

Porijeklo čovjeka

Sjeme života i začetak

Svemogući Bog Stvoritelj

„U početku bješe Riječ, i Riječ bješe u Boga i Bog bješe Riječ."

(Jevanđelje po Jovanu 1:1)

Danas, mnogi ljudi traže besmislene stvari zato što ne poznaju porijeklo univerzuma i pravog Boga koji vlada nad njim. Oni samo rade ono što im je volja zato što ne shvataju zašto žive na ovoj zemlji-pravu namjeru i vrijednost života. Na kraju krajeva, oni žive životom koji se njiše kao trava zato što ne znaju o njihovom porijeklu.

Međutim, mi možemo da vjerujemo u Boga i živimo život u ispunjavanju „potpune dužnosti" čovjeka ako razumijemo porijeklo Trojedinog Boga i kako je nastao čovjek. Sada, koje je porijeklo Trojedinog Boga, Oca, Sina i Svetog Duha?

Porijeklo Boga

Jevanđelje po Jovanu 1:1 nam govori o Bogu na početku, naime o porijeklu Boga. Kada je ovdje „početak?" To je bilo prije vječnosti, kada nije postojao niko osim Boga Stvoritelja u svim prostorima univerzuma. Svi prostori univezuma se ne odnose samo na vidljiv univerzum. Pored prostora u univerzumu u kome mi živimo, nezamislivi prostrani i brojni prostori takođe postoje. U cijelom univerzumu uključujući i sve ove prostore, Bog Stvoritelj je sam postojao prije početka vječnosti.

Zato što sve na ovoj zemlji ima ograničenja i početak i kraj, većina ljudi ne može lako da shvati koncept „prije vječnosti." Sada, predpostavimo da je Bog mogao da kaže: „Na početku bješe Bog," ali zašto je On rekao: „Na početku bješe Riječ?" To je zato što u to vrijeme Bog nije imao „oblik" ili „izgled" kao što On sada ima.

Ljudi na ovom svijetu imaju ograničenja, tako da oni uvijek žele neku vrstu suštinskog oblika i izgleda za njih da bi mogli da vide ili dodirnu. Zbog toga oni prave različite idole da bi im služili. Ali kako može idol napravljen od strane ljudi da postane bog koji je stvorio nebesa i zemlju i sve stvari u njima? Kako oni mogu da postanu bogovi koji imaju kontrolu nad životom, smrti, bogatsvom i nevoljama a čak i ljudskom istorijom?

Bog je postojao kao Riječ na početku, ali zato što bi ljudi trebali da prepoznaju postojanje Boga, On je stavio oblik. Tako da, kako je Bog koj je bio Riječ na početku, postojao? On je postojao kao prelijepa svjetlost i veličanstven glas. On nije imao potrebu za imenom ili oblikom. On je postojao kao Svjetlost koja je usidrila glas i vladao nad svim prostorima u univerzumu. Kao što Jevanđelje po Jovanu 1:5 govori da je Bog Svjetlost, On je prekrio sve prostore u cijelom univerzumu sa svjetlošću i usidrio je glas u njemu, a taj glas je „Riječ" koja se spominje u Jevanđelju po Jovanu 1:1.

Prvobitni Bog planira ljudsku kultivaciju

Kada je došlo vrijeme, Bog koji je postojao kao Riječ na početku, napravio je plan. Bio je to „ljudska kultivacija." Jednostavno rečeno, bio je to plan da se stvore ljudi i da im dozvoli da se množe, kako bi neki istupili naprijed kao iskrena djeca Božja koja će ličiti na Njega. Onda će njih Bog povesti u nebesko kraljevstvo i živjeće srećno zauvijek djeleći ljubav sa njima.

Nako što je imao ovakav plan u Njegovim mislima, Bog je Njegov plan sprovodio u djela korak po korak. Prvo, On je podijelio cio univerzum. Objasniću detaljnije o prostoru u drugom poglavlju. U stvari, svi prostori su bili jedan prostor i Bog je podijelio jedan cjelokupan prostor na manje prostore u skladu sa potrebom za ljudsku kultivaciju. I veoma važan događaj se desio nakon podjele prostora.

Prije početka postojao je jedan Bog, ali Bog je počeo da postoji kao Trojedini od Oca, Sina i Svetog Duha. To je bilo kao da je Bog Otac rodio Boga Sina i Boga Svetog Duha. Iz ovog razlga, Biblija se odnosi prema Isusa kao na jedinorodnog Sina Božjeg. A Poslanica Jevrejima 5:5: „Ti si Moj Sin, Ja Te danas rodih."

Bog Sin i Bog Sveti Duh imaju isto srce i moć zato što potiču od jednog Boga. Sveto Trojstvo je isto u svemu. Iz ovog razloga, Poslanica Filipnjanima 2:6-7 govori o Isusu: „...koji, ako je i bio u obličju Božjem, nije se otimao da se uporedi s Bogom; nego je ponizio Sam Sebe uzevši obličje sluge, postavši kao i drugi ljudi i na oči nađe se kao čovjek."

Slika Trojedinog Boga

Na početku, Bog je postojao kao Riječ koja je bila usidrena u Svjetlosti, ali poprimio je oblik Trojedinog Boga zbog ljudske kultivacije. Mi možemo da zamislimo sliku Boga ako razmišljamo o događaju gdje Bog stvara čovjeka. Postanak 1:26 govori: „Da Mi načinimo čovjeka po Svom obličju, kao što smo Mi, koji će biti gospodar od riba morskih i od ptica nebeskih i od stoke i od cijele zemlje i od svih životinja što se miču po zemlji." Ovdje „Mi" se odnosi na Svetu Trojicu Oca, Sina i Svetog Duha i mi možemo da razumijem da smo stvoreni po liku Trojedinog Boga.

Kaže se: „Da Mi načinimo čovjeka po Svom obličju" i mi takođe možemo da razumijemo koju vrstu lika Trojedini Bog ima. Naravno, stvaranje čovjeka po liku Božjem ne znači samo da naša spoljašnost izgleda kao Bog. Čovjek je stvoren po liku Božejm takođe i iznutra; on je bio ispunjen sa dobrotom i unutrašnjom istinom.

Ali prvi čovjek Adam zgriješio je u neposlušnsti i onda je on izgubio prvi lik koji mu je bio dat kada je bio stvoren. I on se kompromitovao i postao je obojen sa grijehovima i zlobom. Tako da, ako mi zaista razumijemo da je naše tijelo i srce stvoreno po liku Božjem, mi bi trebali da povratimo izgubljeni lik Božji.

Bog je stvorio čovjeka da bi okupio iskrenu djecu

Nakon podjele prostora, trojedini Bog počeo je da stvara potrebne stvari jednu po jednu. Na primjer, On nije imao potrebu za Njegovim mjestom boravka kada je postojao kao Svjetlost i Glas. Ali nakon što je preuzeo oblik, Njemu je bilo potrebno mjesto boravka kao i anđeli i nebeska vojska koja će Njemu da služi. Tako da je On najprije stvorio nebeska stvorenja u duhovnom kraljevstvu a onda je On stvorio stvari u univerzumu u kojem mi živimo.

Naravno, On nije stvorio nebesa i zemlju u našem prostoru odmah nakon što je stvorio sve u duhovnom kraljevstvu. Nakon što je Trojedini Bog stvorio duhovno kraljevstvo, On je živio tamo sa nebeskom vojskom i anđelima bezgranično dugo vremena. Poslije toliko dugog vremena, On je stvorio sve stvari u ovom fizičkom prostoru. I samo kada je stvorio okruženje u kome će ljudska bića moći da žive, On je stvorio čovjeka po Njegovom liku.

Sada koji je razlog zašto je Bog stvorio čovjeka čak i pored toliko mnogih anđela i nebeske vojske koji su mu služili? To je zato što je On želio da stekne iskrenu djecu. Iskrena djeca su oni koji liče na Boga i koji mogu da djele ljubav sa Bogom. Pored nekoliko njih koji su posebni, nebeska vojska i anđeli su se bezuslovno povinovali i služili, poput robota. Ako razmišljate o roditeljima i djeci, ni jedan roditelj neće voljeti poniznog robota više od svoje sopstvene djece. Oni vole njihovu djecu zato što samovoljno mogu da djele ljubav jedni sa drugima.

Ljudska bića sa druge strane imaju sposobnost da se

povinuju i vole Boga sa njihovom sopstvenom voljom. Naravno, ljudi ne mogu samo da razumiju srce Boga i djele ljubav sa Njim odmah po rođenju. Oni moraju da iskuse mnogo stvari kako se razvijaju, da bi mogli da osjete ljubav Božju i shvate u potpunosti dužnost ljudi. Samo ovi ljudi mogu da vole Boga sa svojim srcima i povinuju se Njegovoj volji.

Takvi ljudi ne vole Boga zato što su prisiljeni da to čine. Oni se ne pokoravaju riječima Božjim zbog straha od kazne. Oni jednostavno vole Boga i daju Njemu zahvalnost svojom sopstvenom voljom. A stav kao ovaj, ne mijenja se. Bog je planirao ljudsku kultivaciju da bi stekao iskrenu djecu sa kojom će On moći da podjeli ljubav, dajući i primajući iz srca. Da bi se ovo dogodilo, On je stvorio prvog čovjeka Adama.

Porijeklo čovjeka

Sada, koje je porijeklo čovijeka? Postanak 2.7 govori: „A stvori GOSPOD Bog čovjeka od praha zemaljskog, i dunu mu u nos duh životni; i posta čovjek duša živa." Tako da, ljudi su posebna bića koja prevezilaze sve stvari koje Darvinova evolucija izjavljuje. Ljudska bića nisu evoluirala od nižih bića i došla do današnjeg nivoa. Ljudi su stvoreni po liku Božjem i Bog je udahnuo dah života u njih. Ovo znači da su oba i duh i tijelo došli od Boga.

Prema tome, ljudi su duhovna bića koja su došla od gore. Mi ne treba da mislimo o sebi da smo malo naprednije životinje u odnosu na druge životinje. Ako pogledamo na fosile koji su prisutni kao dokazi evolucije, ne postoje posredni fosili koji mogu da se povezuju sa drugim vrstama. Međutim sa druge strane, postoje mnogo više dokaza o stvaranju.

Na primjer, cijelo čovječanstvo ima par očiju, dva uveta, jedan nos i jedna usta. I smješteni su svi na jednom mjestu. A to nije samo čovječanstvo. Sve vrste životinja takođe imaju približno istu strukturu. Ovo je dokaz da su sva živa bića napravljena od jednog Stvoritelja. Pored ovoga, činjenica da sve stvari funkcionišu u savršenom redu, bez ijedne greške, je dokaz Božjeg stvaranja.

Danas, mnogi ljudi misle da su evoluirali od životinja i prema tome ne shvataju odakle potiču i zašto ovde žive. Ali jednom kada shvatimo da smo sveta bića koja su stvorena po liku Božjem, mi možemo da razumijemo ko je naš Otac. Onda, mi ćemo sasvim prirodno pokušati da živimo po Njegovoj Riječi i ličićemo na Njega.

Mi možda mislimo da je naš otac fizički otac. Ali ako nastavimo da idemo dalje, prvi fizički otac je prvi čovjek Adam. Tako da, mi možemo da razumijemo da je naš pravi Otac u stvari Bog koji je stvorio ljudska bića. Prvobitno, sjeme života je takođe dato od Boga. U ovom smislu, naši roditelji su samo pozajmili njihova tijela kao instrumenti za ona sjemena koja treba da se iskombinuju da bi mi mogli da budemo začeti.

Sjeme života i začetak

Bog je dao sjeme života. On je dao spermu muškarcima i jajnike ženama kako bi mogli da izrode djecu. U tom smislu, ljudi ne mogu da izrode djecu sa njihovim sopstvenim sposobnostima. Bog je njima dao sjeme života kako bi mogli da rađaju.

Sjeme života sadrži moć Božju koje može da napravi ljudima sve organe. Ono je toliko malo da bi bilo vidno golim okom, ali osobine, izgled, navike i životna snaga su sakupljene u njemu. Tako da, kada se rode djeca, ona ne preuzimaju samo izgled već takođe i osobine od svojih roditelja.

Ako ljudi imaju tu sposobnost da rađaju, zašto onda postoje parovi koji se bore da dobiju djecu? Koncepcija isključivo pripada Bogu. Danas, oni na klinikama vrše vještačke oplodnje, ali oni nikada ne mogu da stvore spermu i jajnike. Moć stvaranja striktno pripada Bogu.

Mnogi vjernici, ne samo u našoj crkvi već i u drugim zemljama, iskusili su ovu moć Božjeg stvaranja. Postoje mnogi parovi koji nisu dugo vremena mogli da imaju djecu, čak i više od 20. godina. Oni su probali sve raspoložive metode ali bez rezultata. Ali nakon primanja moje molitve, mnogi od njih su rodili zdravu djecu.

Prije nekoliko godina, par koji je živio u Japanu došao je

na službu preporoda ovdje i primili su moju molitvu. Oni ne samo da su bili iscjeljeni od bolesti već su takođe i dobili blagoslov začeća. Takve vijesti su se raširile i mnogi ljudi iz Japana su dolazili da prime moju molitvu. Oni su takođe primili blagoslov začeća u skladu sa njihovom vjerom. Ovo je na kraju dovelo do toga da se ogranak crkve ustanovi u toj oblasti.

Svemogući Bog Stvoritelj

Danas, mi možemo da vidimo usvršenu medicinsku nauku , ali stvaranje života može da bude moguće samo uz moć Božju, vladaoca svih života. Kroz Njegovu moć, oni koji su izdahnuli poslednji dah vraćeni su u život; oni kojima je određena smrt u bolnici bili su iscjeljeni; mnoge neizlečive bolesti koje ni medicina ne može da izliječi, bile su iscjeljene.

Prvobitan glas izgovoren od Boga može da stvori nešto ni od čega. On može da manifestuje djela moći sa kojom ništa nije nemoguće. Poslanica Rimljanima 1.20 kaže: „Jer šta se na Njemu ne može vidjeti, od postanja svijeta moglo se poznati i vidjeti na stvorenjima, i Njegova vječna sila i božanstvo, da nemaju izgovora." Samo gledajući na sve ove stvari, mi možemo da vidimo moć i božansku prirodu Boga, Stvoritelja koji je porijeklo svih stvari.

Ako ljudi pokušavaju da shvate Boga u okviru njihovog sopstvenog znanja, oni će svakako imati ograničenja. Zbog toga mnogi ljudi ne vjeruju riječima zapisanim u Bibliji.

Takođe, neki govore da vjeruju ali u stvari ne vjeruju u potpunosti u sve riječi iz Biblije. Zato što je Isus znao ovu situaciju ljudi, On je potvrdio riječ koju je propovjedao sa mnogim moćnim djelima. On je rekao: „Ako ne vidite znaka i čudesa, ne vjerujete" (Jevanđelje po Jovanu 4:48).

Isto je i danas. Bog je svemoguć. Ako mi vjerujemo u ovog svemogućeg Boga i u potpunosti se oslonimo na Njega, svaki problem može da bude riješen i svaka bolest može da bude iscjeljena.

Bog je počeo da stvara sve stvari sa Njegovom Riječju rekavši: „Neka bude svjetlost." Kada je izgovoren prvobitan glas Stvoritelja Boga, slijepi će progledati a oni koji su u invalidskim kolicima i na štakama će hodati i skakati. Ja se nadam da ćete vi dobiti odgovore na sve vaše molitve i želje sa vjerom kada prvobitan glas Božji bude izgovoren.

Emanuel Maralano Jipen (Emmanuel MarallanoYaipen (Lima, Peru))

Oslobođen straha od Side (AIDS)

Imao sam lekarski pregled da bi se pridružio vojsci 2001. godine i rečeno mi je: „Pozitivan si na Sidu." To su bile u potpunosti neočekivane vijesti. Osjećao sam se prokletim.

Nisam smatrao učestalu dijareju ozbiljno.

Samo sam seo na stolicu i osjećao sam se bespomoćno.

„Kako majci da kažem za ovo?"

Bio sam u bolovima ali moje srce je bilo slomljeno još i više dok sam razmišljao o majci. Imao sam proilive još češće i gljivice na ustima i prstima. Moj strah od smrti obuzimao me sve jače malo po malo. Ali onda sam čuo da moćni sluga Božji iz Sjeverne Koreje dolazi u Peruu u decembru 2004. godine. Ali nisam mogao da povjerujem da

moja bolest može da bude izlečena.
Odustao sam, ali moja baka mi je uporno naređivala da posjetim pohod. Na kraju sam otišao u „Campo de Marte" gdje je održan „Ujedinjeni pohod sa svještenikom dr. Džerokom Lijem" 2004. godine u Peruu. Želio sam da zadržim ovu poslednju nadu.
Moje tijelo je već bilo ushićeno zbog moći Svetog Duha dok sam slušao poruku. Djela Svetog Duha koja su manifestvovana bila su serije čuda.

Svještenik dr. Džerok Li se nije molio za svakog ponaosob, već se samo molio za cjelokupnu masu ljudi. I ipak mnogi ljudi su svjedočili da su bili iscjeljeni. Mnogi ljudi su ustali iz invalidskih kolica i bacali njihove štake. Mnogi su se radovali zato što su njihove nizlečive bolesti bile iscjeljene.
Čudo se takođe i meni dogodilo. Otišao sam u kupatilo nakon što se završio pohod i po prvi put posle dugo vremena mogao sam sasvim normalno da mokrim. Moja dijareja je prestala za dva i po mjeseca.

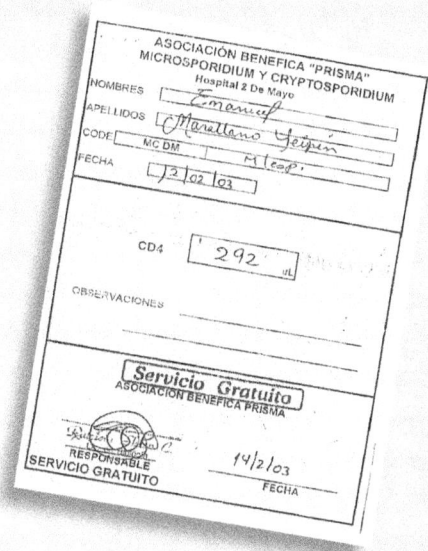

Moje tijelo je osjetilo toliko olakšanje. Bio sam siguran da sam izlečen i otišao sam u bolnicu. Dijagnoza je pokazivala da su se imune ćelije CD4 toliko drastično uvećale da su bile u normali.

Sida je neizlečiva bolest i moderno je nazvana tamna smrt. HIV nastavlja da uništava imune ćelije CD4. Ovo vodi do izuzetno niskog rada imunog sistema što će uzrokovati druge komplikacije, a na kraju i smrt.

CD4 imune ćelije su umirale i bilo je zaista nevjerovatno da su se oporavile uz molitvu svještenika dr. Džeroka Lija.

Odlomak iz Izvanredne stvari

# Nebesa

> Prvobitan Bog boravi na četvrtom nebu,
> vlada nad svim nebesima,
> prvom nebu, drugom nebu,
> i trećem nebu.

Više nebesa

Prvo nebo i drugo nebo

Edemski vrt

Treće nebo

Četvrto nebo, Božje mjesto boravka

Bog Stvoritelj, Svemogući

Svemogući Bog prevazilazi ljudska ograničenja

Susresti se sa svemogućim Bogom Stvoriteljom

„Ti si Sam GOSPOD, Ti si stvorio nebo, nebesa nad nebesima i svu vojsku njihovu, zemlju i sve što je na njoj, mora i sve što je u njima. Ti oživljavaš sve to, i vojska nebeska Tebi se klanja."

(Nehemija 9:6)

Bog je iznad ljudskih ograničenja. On postoji prije početka vječnosti kroz vječnost. Svijet u kojem živi je u prostoru gdje se dimenzije u potpunosti razlikuju od ovoga svijeta. Vidljiv svijet u kojem ljudi žive je u fizičkom kraljevstvu a prostor u kojem Bog boravi je duhovno kraljevstvo. Duhovno kraljevstvo svakako postoji, ali samo zato što nije vidno sa fizičkim očima, ljudi pokušavaju da poreknu njegovo postojanje.

Izvesni astronaut je u prošlosti rekao: „Putovao sam kroz univerzum ali Bog nije bio tamo." Koliko je glupa ova primjedba! On smatra da je vidljiv univerzum sve što postoji. Ali čak i astronauti su samo mogli da kažu da je ovaj vidljiv univerzum bezgraničan. A koliko je samo ovaj astronaut od ovog ogromnog univerzuma vidio da je mogao da porekne postojanje Boga? Dok imamo ljudska ograničenja, mi ne možemo čak ni da objasnimo sve stvari samo u univerzumu u kojem živimo.

Više nebesa

Nehemija 9:6 kaže: „Ti si Sam GOSPOD, Ti si stvorio nebo, nebesa nad nebesima i svu vojsku njihovu, zemlju i sve što je na njoj, mora i sve što je u njima. Ti oživljavaš sve to, i vojska nebeska Tebi se klanja." Govori nam da ne postoje samo jedno nebo već mnoga nebesa.

Onda, koliko u stvari ima nebesa? Ako vi vjerujete u nebesko kraljevstvo, vi ćete vjerovatno misliti o dva neba. Jedno je nebo u ovom fozičkom kraljevstvu a drugo je nebesko kraljevstvo koje je na nebu duhovnog kraljevstva. Ali Biblija spominje veći broj nebesa na mnogim mjestima.

„Koji sjedi na nebesima, nebesa iskonskih; evo, grmi glasom jakim" (Psalmi 68:33).

„Ali hoće li doista Bog stanovati na zemlji? Eto, nebo i nebesa nad nebesima ne mogu Te obuhvatiti, a kamoli ovaj dom što ga sazidah!" (1. Knjiga Kraljevima 8:27)

„Znam čovjeka u Hristu koji prije četrnaest godina - ili u tijelu ne znam, ili osmi tjela, ne znam, Bog zna - bi odnesen do trećeg neba" (2. Korinćanima Poslanica 12:2).

To što je apostol Pavle odveden na treće nebo govori nam da postoji prvo, drugo i treće nebo, a takođe mogu postojati još neba.

Takođe, Stefan je rekao u Djelima Apostolskim 7:56: „Evo vidim nebesa otvorena i Sina Čovječijeg gdje stoji s desne strane Bogu." Ako su otvorene oči ljudi, oni mogu da vide duhovno kraljevstvo i shvate postojanje nebeskog kraljevstva.

Danas, čak i naučnici tvrde da postoje više neba. Jedan od vodećih naučnika po ovom pitanju je Maks Tigmark (Max Tegmark), koji je predstavio koncept četiri nivoa multikosmosa.

U osnovi se govori da je, zasnovano na kosmologičkim posmatranjima, naš univerzum dio cijelog univerzuma u kojem postoje više univerzuma, a svaki od univerzuma može da ima drugačije fizičke karakteristike.

Različite fizičke karakteristike znači da se karakteristike o vremenu i prostoru mogu uveliko razlikovati. Naravno, nauka ne može da objasni sve o duhovnom kraljevstvu. Međutim, čak i sa naučnim pristupom, mi možemo makar da imamo uvid u činjenicu da naš univerzum nije sve što tu postoji.

Prvo nebo i drugo nebo

Više nebesa mogu biti svrstana uopšteno u dvije podkategorije. Postoji nebo u duhovnom kraljevstvu koje nije vidljivo za naše oči i nebo u fizičkom kraljevstvu u kojem mi živimo. Fizički univerzum u kojem mi živimo je prvo nebo i oblik drugog neba po spoljašnosti je duhovno kraljevstvo. Na drugom nebu je oblast svjetlosti gdje je smješten Edemski vrt i oblast tame gdje borave zli duhovi.

Poslanica Efežanima 2.2 govori da su zli duhovi „prinčevi moći u vazduhu" a ovaj „vazduh" pripada drugom nebu. Postanak 3:24 nam govori da je u istočnom dijelu Edemskog vrta smješten heruvim sa vatrenim mačem koji se okreće u svim pracima kako bi čuvao put ka drvu života.

„I izagnav čovjeka postavi pred vrtom edemskim heruvima s plamenim mačem, koji se vijaše i tamo i amo, da čuva put ka drvetu od života."

Sada, zašto ih je Bog smjestio na istoku? To je zato što je „istok" kao granica između svijeta zlih duhova i Edemskog vrta koji pripada Bogu. Bog je smjestio Edemski vrt da bi spriječio zle duhove od njihovog prodiranja u Vrt, i da bi ih spriječio da jedu sa drveta života i da bi stekli vječni život.

Prije nego što je jeo sa drveta spoznaje dobra i zla, Adam je imao vlast koju je on primio od Boga da vlada nad Edemskim vrtom i nad svim stvarima na prvom nebu. Ali Adam je bio izbačen iz Vrta zato što se nije povinovao Riječi Božjoj i jeo je sa drveta spoznaje. Od tada pa nadalje, neko drugi je morao da čuva Edemski vrt gdje je drvo bilo smješteno. Zbog toga je Bog umjesto Adama postavio heruvima i vatreni mač koji se okretao na sve strane da bi čuvao Vrt.

Edemski vrt

U Postanku u poglavlju 2, nakon što je Bog stvorio Adama od prašine sa ove zemlje, On je stvorio vrt u Edemu i doveo je Adama na to mjesto. Adam je bio „živo biće" ili „živi duh." On je bio duhovno biće koje je dobilo dah života od Boga. Zbog toga je Bog doveo njega na drugo nebo, koje duhovni prostor, da bi tamo živio.

Bog je njega takođe blagoslovio da vlada i upravlja nad svim, dok putuje ka Zemlji na prvom nebu. Ali nakon što je Adam zgriješio svojom nepokornošću prema Bogu, njegov duh je umro i više nije mogao da živi u duhovnom prostoru. Zbog toga je on izbačen na Zemlju.

A oni koji ne vjeruju u ovu činjenicu još uvijek pokušavaju da pronađu Edemski vrt na Zemlji. To je zato što ne shvataju da je Edemski vrt smješten na drugom nebu, duhovnom kraljevstvu i nije na ovom fizikom svijetu.

Piramide u Gizi, u Egiptu, jedne od svjetskih čuda su toliko osmišljene i velike čak i do te mjere da izgledaju kao da nisu izgrađene od strane ljudske tehnologije. Prosječna težina svakog komada kamena je 2,5 tone. I 2,3 miliona dijelova kamena čine piramidu. Odakle su pribavili svo to kamenje? Takođe, koju vrstu oruđa su oni koristili da bi ih napravili u to vrijeme?

Onda, ko je izgradio ove piramide? Na pitanje može se lako

odgovoriti ako razumijemo mnoga nebesa i duhovni prostor. Više detalja je objašnjeno u knjizi Postanka. Sada, nakon što je Adam izbačen iz Edemskog vrta zbog njegove nepokornosti, ko živi u Edemskom vrtu?

U Postanku 3:16, Bog je rekao Evi nakon što je počinila grijeh: „Tebi ću mnoge muke zadati kad zatrudniš, s mukama ćeš djecu rađati." „Mnogo" znači da je postojala vrsta bola prilikom rađanja a od sada će taj bol biti uvećan. Takođe, Postanak 1:28 nam govori da su se Adam i Eva razmnožavali, što znači da je Eva rađala dok je živjela u Edemskom vrtu.

Prema tome, broj djece koju su Adam i Eva imali u Edemskom vrtu je bio brojan. A oni su i dalje živjeli tamo čak i nakon što su Adam i Eva izbačeni zbog njihovih grijehova. Baš prije samog Adamovog grijeha, ljudi u Edemskom vrtu su mogli slobodno da putuju na Zemlju, ali napravljena su ograničenja nakon što je Adam izbačen.

Koncept vremena i prostora između prvog i drugog neba se veoma razlikuje. Takođe postoji protok vremena na drugom nebu ali nije ograničen kao i prvo nebe, naš fizički svijet. U Edemskom vrtu niko ne stari niti umire. Ništa ne nestaje niti izumire. Čak i posle dugog vremena, ljudi u Edemskom vrtu ne osjećaju toliko mnogo razliku u vremenu. Oni imaju osjećaj kao da žive u vremenu koje ne teče. Takođe i prostor u Edemskom vrtu je bezgraničan.

Da ljudi ne umiru u prvom nebu, jednog dana bio bi prepun ljudi. Ali zato što drugo nebo ima neograničen prostor, nikada neće biti prepuno ljudima bez obzira kolio se ljudi rađa.

Nebesa • 23

Treće nebo

Postoji još jedno nebo koje pripada duhovnom kraljevstvu. To je treće nebo, gdje je nebesko kraljevstvo smješteno. To je mjesto gdje će spašena djeca Božja živjeti vječno. Apostol Pavle je primio jasno otkrivanje i vizije od Gospoda i on je rekao u 2. Korinćanima Poslanici 12:2-4: „Znam čovjeka u Hristu koji prije četrnaest godina - ili u tijelu ne znam, ili osmi tijela, ne znam, Bog zna - bi odnesen do trećeg neba. I znam za takvog čovjeka - ili u tijelu, ili osim tijela, ne znam, Bog zna - da bi odnesen u raj, i ču neiskazane riječi kojih čovjeku nije slobodno govoriti."

Baš kao što i postoji glavni grad i drugi manji gradovi, čak i mala mjesta, takođe postoje i mnoga mjesta boravka u nebeskom kraljevstvu počevši od grada Novog Jerusalima, gdje je Božji prijesto smješten pa do Raja koji može da se smatra periferijom nebeskog kraljevstva. Naša mjesta boravka će se razlikovati od toga koliko smo voljeli Boga i do te mjere koliko smo kultivisali srca od istine i povratili izgubljeni lik Božji na ovoj zemlji.

Treće nebo ima čak i manja ograničenja vremena i prostora za razliku od drugog neba. Ono ima vječno vrijeme i neograničen prostor. Veoma je teško za ljudska bića, koji žive na prvom nebu, da shvate prostor i vrijeme nebeskog kraljevstva. Hajde da pomislimo na balon. Prije nego što ga naduvate, površina i zapremina balona je ograničena. Ali drastično može da se promijeni u zavisnosti od količine vazduha koji u njega duvate. Prostor u nebeskom kraljevstvu je sličan. Kada mi gradimo kuću na zemlji, nama je potrebno parče zemlje i prostor na kome možemo da stvaramo na toj zemlji je ograničen. Ali u prostoru na trećem nebu, kuće mogu da budu izgrađene na veoma drugačiji način nego ovdje na zemlji zbog sadržine vazduha, zapremine, dužine, ili visine koja je iznad onih na ovoj zemlji.

Četvrto nebo, Božje mjesto boravka

Četvrto nebo je prvobitan prostor gdje je Bog postojao prije početka, prije nego što je On podijelio cijeli univerzum na više nebesa. Na četvrtom nebu, beznačajno je koristiti koncepciju vremena i prostora. Četvrto nebo prevazilazi svako koncept vremena i prostora i na tom mjestu sve što Bog poželi u Njegovim mislima biće odmah učinjeno.

Vaskrsli Gospod se pojavio pred Njegovim učenicima koji su se plašili Jevreja i koji su se krili u kućama gdje su vrata bila zaključana (Jevanđelje po Jovanu 20:19-29). On se pojavio na sred kuće čak iako niko nije za Njega otvorio vrata. On se takođe pojavio niodkuda Njegovim učenicima koji su bili u Galileji i jeo je sa njima (Jevanđelje po Jovanu 21:1-4). On je bio na ovoj zemlji četrdeset dana i uzdigao se na Nebesa kroz oblake i pred očima mnogih ljudi. Mi možemo da vidimo da je vaskrsli Isus Hrist mogao da prelazi fizički prostor i vrijeme.

Onda, koliko će još više biti stvari u četvrtom nebu gdje će prvobiran Bog boraviti? Baš kao što je On gajio i upravljao nad cjelokupnim prostorima u univerzumu dok je postojao kao Gospod koji je od glasa, On vlada nad svim u prvom nebu, drugom nebu i trećem nebu dok boravi na četvrtom nebu.

Bog Stvoritelj, Svemogući

Ovaj svijet gdje ljudska bića žive je veoma mala mrlja u upoređivanju sa drugim prostranim i misterioznim nebesima.

Na zemlji, ljudi rade sve što najbolje mogu da bi živjeli boljim životom i prolaze kroz razne vrste nevolja i teškoća. Za njih stvari na ovoj zemlji su toliko složene i teške za rješavanje, ali niko od njih ne predstavlja probleme Bogu.

Pretpostavimo da čovjek posmatra svijet mrava. Ponekad mravi imaju velike teškoće dok nose hranu. Ali čovjek lako može da stavi hranu u mravinjak. Ako se mrav susretne sa prevelikom barom koju ne može da pređe, čovjek može da ga uzme u ruku i prebaci mrava na drugu stranu zemlje. Ma koliko da je veliki svaki problem za mrava, mala je stvar za čovjeka. Slično tome, uz pomoć Svemogućeg Boga, ništa ne predstavlja problem.

Stari Zavjet svjedoči o svemogućnosti Božjoj mnogo puta. Uz svemoguću pomoć Božju, Crveno more je podjeljeno i poplava rijeke Jordan je zaustavljena. Sunce i mjesec su se zaustavili a kada je Mojsije udario o kamen sa njegovim štapom, voda je potekla iz njega. Ma koliko da čovjek ima veliku moć ili bogatstvo i koliko znanja da ima, da li on može da razdvoji more i zaustavi sunce i mjesec? Ali Isus je rekao u Jevanđelju po Marku 10:27: „Ljudima je nemoguće, ali nije Bogu: jer je sve moguće Bogu."

Novi Zavjet takođe predstavlja mnogo slučajeva gdje su bolesni i nemoćni bili iscjeljeni i potpuni i gdje su čak i mrtvi vraćeni u život uz moć Božju. Kada su maramice ili kecelje koje je dodirnuo Pavle nošene bolesnima, bolest je nestala i zli duhovi su se udaljili.

Svemogući Bog prevazilazi ljudska ograničenja

Čak i danas, ako mi možemo samo da dobijemo pomoć moći Božje, ništa neće biti problem. Čak i naizgled najteži problemi više neće biti problem. I ovo je dokazano svake nedjelje u crkvi u kojoj ja služim. Mnoge neizlečive bolesti uključujući i Sidu su bile isceljene kako su vjernici slušali Reč Božju na službama bogosluženja i primili molitvu isceljenja.

Ne samo u Južnoj Koreji već takođe i mnogi ljudi širom svijeta su iskusili nevjerovatna djela isceljenja koja su zapisana u Bibliji. Takva djela je jednom izvještavao CNN. Osim toga, mi imamo i pomoćne pastore koji se mole sa maramicama na kojima sam se ja molio. Kroz ove molitve, nevjerovatna djela božanstvenog isceljenja se su dogodila prevazilazeći rasu i kulturu.

Što se i mene takođe tiče, svi moji životni problemi su bili riješeni nakon što sam sreo Boga Stvoritelja. Toliko mnogo bolesti me je prekrilo da sam dobio nadimak „robna kuća bolesti." U mojoj porodici nije bilo mira. Nisam mogao da vidim ni tračak nade. Ali ja sam bio isceljen od svih mojih bolesti u momentu kada sam kleknuo u crkvi. Bog me je blagoslovio i vratio sam sva dugovanja dužnicima. Oni su bili toliko veliki da je bilo nemoguće da ih vratim za cio život, ali vraćeni su u samo nekoliko mjeseci. Moja porodica je povratila radost i sreću. Iznad svega, Bog mi je dao poziv da postanem pastor i dao mi je Njegovu moć da spasim mnoge duše.

Danas mnogi ljudi govore da vjeruju u Boga, ali postoji samo nekoliko njih koji žive sa iskrenom vjerom. Ako oni imaju problem, mnogi od njih se oslanjaju na ljudske načine umjesto da zavise od Boga. Oni su frustrirani i obeshrabljeni kada njihovi problemi nisu riješeni sa njihovim načinima. Ako se razbole, oni ne gledaju ka Bogu, već se oslanjaju na doktore u bolnici. Kada se susreću sa nevoljama u njihovom poslovanju, oni na sve strane traže pomoć.

Neki se vjernici žale Bogu ili gube vjeru zbog njihovih fizičkih nevolja. Oni postaju nestabilni u njihovoj vjeri ili gube ispunjenost ako su proganjani ili kada očekuju neki gubitak zato što su hodali uspravno. Međutim, da su vjerovali da je Bog stvorio sva nebesa i da je On učinio sve mogućim, svakako oni ne bi to uradili.

Bog je stvorio sve unutrašnje organe u ljudskim bićima. Jel postoji neka vrsta ozbiljne bolesti koju Bog ne može da iscjeli? Bog je rekao: „Moje je srebro i Moje je zlato" (Agej 2:8). Zar ne može On da načini Njegovu djecu bogatim? Bog može sve da učini, ali ljudi se osjećaju obeshrabljeno ili potrešeno i udaljavaju se od istine zato što ne vjeruju Svemogućem Bogu. Ma koliki problem da neko ima, on može da ga riješi u bilo koje vrijeme ako zaista vjeruje Bogu iz njegovog srca i osloni se na Njega.

Susresti se sa svemogućim Bogom Stvoriteljom

Priča o komandantu Nemanu u 2. Knjizi Kraljevima u poglavlju 5, uči nas na koji način možemo da dobijemo odgovore na naše probleme od Svemogućeg Boga. Neman je bio komandant vojske Sirije ali ništa nije mogao da uradi zato što je imao lepru.

Jednog dana je čuo od jevrejske služavke o moći Božjoj koju je prorok Jelisej Izraela izvodio. On je bio bezbožnik koji nije vjerovao u Boga, ali nije zanemarivao riječi male djevojčice zato što je imao dobro srce. On je pripremio vrijedne ponude da bi se sreo sa Jelisejom, čovjekom Božjim i pošao je na dugačak put.

Ali kada je došao u dom Jeliseja, prorok niti se pomolio za njega niti mu je poželio dobrodošlicu. Sve što je prorok uradio jeste da je preko sluge poslao poruku da opere njegovo tijelo u rijeci Jordan sedam puta. On se na početku osjećao uvređeno, ali to nije blo mnogo prije nego što je promjenio mišljenje i povinovao se. Iako nisu niti djela niti riječi Jelisejove imale smisla po njegovom načinu razmišljanja, on je povjerovao i povinovao se zato što je prorok Božji koji je izvodio uz moć Božju izgovorio riječi. Kada je Neman sebe potopio u rijeci Jordan sedam puta, njegova leproza je bila čudesno i u potpunosti iscjeljena. Ovdje, šta potapanje njegovog tijela u reci Jordan simbolizuje? Voda je Riječ Božja. To znači da jednom mogu biti oprošteni grijehovi ako očisti prljave stvari iz srca sa Riječju Božjom, kao što je on očistio njegovo tijelo sa vodom. Zato što broj sedam stoji za savršenstvo, utapanje sedam puta označava da je njemu u potpunosti oprošteno.

Kao što je objašnjeno, da bi mi ljudi mkogli da dobijemo odgovore od svemogućeg Boga, prolaz za komunikaciju mora biti otvoren između nas i Boga kad nam je oprošteno od naših grijehova. U Isaiji 59:1-2 kaže se: „Gle, nije okraćala ruka GOSPODNJA da ne može spasti, niti je otežalo uho Njegovo da ne može čuti. Nego bezakonja vaša rastaviše vas s Bogom vašim, i grijesi vaši zakloniše lice Njegovo od vas, da ne čuje."

Ako nismo poznavali Boga i nismo prihvatili Isusa Hrista, mi moramo da se pokajemo zato što nismo prihvatili Isusa Hrista (Jevanđelje po Jovanu 16:9). Bog govori da smo mi ubice ako mrzimo našu braću (1. Jovanova Poslanica 3:15), i mi treba da se pokajemo zato što nismo voljeli našu braću. Jakovljeva Poslanica 4:2-3 govori: „Želite i nemate; ubijate. Zavidite, i ne možete da dobijete; borite se i vojujete. I nemate, jer ne ištete. Ištete, i ne primate, jer zlo ištete, da u slastima svojim trošite." Prema tome, mi moramo da se pokajemo moleći se sa pohlepom i moleći se sa sumnjom (Jakovljeva Poslanica 1:6-7).

Šta više, ako nismo Riječ Božju primjenili u praksi dok smo priznavali našu vjeru, mi moramo u potpunosti da se pokajemo. Mi ne treba samo da kažemo da nam je žao. Mi moramo da pokidamo naša srca dok prolivamo suze sa slinavim nosem.

Naše pokajanje može da se smatra iskrenim kajanjem samo kada imamo čvrstu odluku da živimo po Riječi Božjoj i kada je u stvarnosti praktikujemo.

Knjiga Ponovljenog Zakonika 32:39 kaže: „Vidite sada da sam Ja, Ja sam, i da nema Boga osim Mene. Ja ubijam i oživljujem, ranim i iscjeljujem, i nema nikoga ko bi izbavio iz Moje ruke." Ovo je Bog u koga mi vjerujemo.

Bog je stvorio sva nebesa i sve stvari u njima. On poznaje sve naše situacije. On je dovoljno moćan da odgovori na sve naše molitve. Ma koliko da je očajna ili depresivna situacija za ljude, On može da preokrene sve u našoj okolini kao kada se baca novčić. Prema tome, ja se nadam da ćete vi doboti odgovore na vaše molitve i na želje srca dok imate iskrenu vjeru u kojoj ćete se osloniti samo na Boga.

Dr.Vitali Fišberg (VitaliyFishberg, Nju Jork, SAD (New York City, United States)).

Na sceni čuda

Prije nego što sam diplomirao u Moldavijskoj medicinskoj školi, bio sam urednik medicinskog časopisa „Vaš porodični lekar," koji je poznat u Moldaviji, Ukrajini, Rusiji i Belorusiji. 1997. godine preselio sam se u SAD. Imam doktorate iz Naturopatije, filozofije u Kliničkoj ishrani, Integrativnoj medicini, doktorat iz Alternativne medicine, doktorat iz Ortomolakularne medicine i honorarno doktorat iz Prirodno zdravstvenih nauka. Kada sam došao u Nju Jork poslije mog školovanja, ubrzo sam postao veoma poznat u Ruskoj zajednici i u mnoge novinske kuće su objavljivale moje članke svake sedmice. U 2006. godini, čuo sam da će se održati veliki hrišćanski pohod u Medison Skver Gardenu (Madison Square Garden). Imao sam priliku da se susretnem sa delegacijom Manmin crkve i kroz njih samo osjetio moć Svetog Duha. Dvije nedjelje kasnije posetio sam pohod.

Svještenik dr. Džerok Li se pomolio za posjetioce nakon što je propovjedao o Isusu koji je naš Spasitelj. „Gospode, iscjeli ih! Oče, Bože, ako poruka koju propovjedam nije tačna, ne dozvoli mi da izvodim bilo koja moćna djela večeras! Ali ako je istina, dozvoli da što više duša vidi dokaz živog Boga. Neka hromi prohodaju! Dozvoli gluvima da čuju! Sve neizlečive bolesti, nek budu spaljene vatrom Svetog Duha i nek budu zdravi!"

Bio sam šokiran kada sam čuo takvu molitvu. Šta ako se ni jedno božansko iscjeljenje ne dogodi? Kako može toliko samouvjereno da se moli? Ali nevjerovatne stvari su se već događale čak i prije nego što je molitva bila završena. Ljudi koji su patili od zlih duhova bili su oslobođeni. Mutavi su progovorili. Slijepi su progledali. Toliko ljudi je svjedočilo da je njihovo oštećenje sluha iscjeljeno. Mnogi ljudi su ustali iz invalidskih kolica i bacali njihove štake. Neki od njih su svjedočili da su iscjeljeni od Side.

Kako je pohod napredovao, Božja moć se sve više prikazivala. Doktori Svjetske hrišćanske doktorske mreže (WCDN), koji su došli iz mnogih zemlja, postavili su sto da bi primili svjedočenja. Oni su pokušavali da medicinski potvrde svjedočenja, a na kraju, ponestalo je ljekara koji bi zapisivali sva svjedočenja ljudi o njihovom iscjeljenju!

Nubia Kano (Nubia Cano), 54. godina stara žena živjela je u Kvinsu i kojoj je dijagnostikovan rak na kičmi 2003. godine. Ona nije mogla niti da se pomjera niti da hoda. Ona je provela svo vrijeme u krevetu a mučni bolovi su je prisiljavali da uzima inekcije morfijuma na svaka 2 sata. Ljekar joj je rekao da više neće moći da hoda.

Kada je prisustvovala događaju „Pohod 2006. godine u Nju Jorku sa svještenikom dr. Džerokom Lijem" sa prijateljicom, ona je vidjela da su mnogi ljudi primili Božje iscjeljenje i počela je da gaji nadu. Kada je ona primila molitvu svještenika Lija, ona je osjetila toplinu u njenom tijelu i osjetila je kao da joj neko masira leđa. Bol u leđima je nestao i još od pohoda, ona je mogla da hoda i da se savije u struku! Njen doktor je prosto bio zapanjen kada je vidio - neko ko više nikada neće moći da hoda-sada slobodno hoda. Ona čak i može da pleše uz zvuke merenge.

Maksimilija Rodrigez (Maximillia Rodriguez) živi u Bruklinu i ima

Ljekari iz WCDN (Mreža svetskih hrišćanskih ljekara) koji potvrđuju svjedočenja.

veoma slab vid. Ona je nosima kontaktna sočiva još od 14. godine i naočare u poslednje dvije godine. U poslednjem danu pohoda, ona je primila molitvu svještenika dr. Džeroka Lija i odmah je shvatila da može opet da vidi bez naočara. Danas, ona može da pročita čak i najsitnija odštampana slova u njenoj Bibliji bez pomoći naočara. Njen oftamolog, nakon što je potvrdio nevjerovatan napredak u njenom vidu, mogao je samo da bude šokiran u tome što je vidio.

Medison Skver Garden, gdje je pohod održan u Julu 2006. godine, zaista je bio scena čuda. Bio sam toliko dirnut svjedočenjem moći Božje. Njegova moć me je promjenila i dozvolila mi da vidim novi smjer u životu. Ja sam promjenio mišljenje da postanem Božji instrument da medicinski dokažem Božja iscjeliteljska djela i da ih pokažem širom svijeta.

- Odlomak iz Izvanredne stvari-

# Trojedini Bog

> Bog u koga mi vjerujemo je jedan Bog.
> Ali On u Sebi ima tri osobe:
> Oca, Sina i Svetog Duha.

Proviđenje Božje za ljudsku kultivaciju
Priroda i poredak Trojedinog Boga
Pravila Trojedinog Boga
Isus Sin otvara vrata spasenja
Sveti Duh upotpunjuje spasenje
Duha ne gasite
Bog Otac, rukovodioc ljudske kultivacije
Trojedini Bog ispunjava proviđenje spasenja
Poricanje Trojedinog Boga i djela Svetog Duha

„Idite dakle i naučite sve narode krsteći ih va ime Oca i Sina i Svetog Duha."

(Jevanđelje po Mateju 28:19)

Trojedini Bog znači da su Bog Otac, Bog Sin i Bog Sveti Duh jedno. Bog u koga mi vjerujemo je jedan Bog. Ali On ima u Sebi tri osobe: Oca, Sina i Svetog Duha. I zato što su Oni jedno, mi kažemo „Trojedini Bog" ili „Bog Sveta Trojica." Ovo je veoma važan princip za hrišćanstvo ali teško da može da postoji neko ko može to da objasni tačno i do detalja. To je zato što je veoma teško za ljude, koji imaju ograničena razmišljanja i teorije, da shvate porijeklo Boga Stvoritelja. Ali do te mjere da razumijemo Trojedinog Boga, mi možemo da razumijemo Njegovo srce i volju mnogo jasnije i primimo blagoslove i odgovore na naše molitve u komunikaciji sa Njim.

Proviđenje Božje za ljudsku kultivaciju

Bog je rekao u Izlasku 3.14: „JA SAM ONAJ ŠTO JESTE." Niko Njega nije rodio niti Ga je stvorio. On je samo postojao od početka. On je van granica ljudskog razumijevanja i zamisli; On nema početak niti kraj; On jednostavno postoji od prije početka vječnosti i kroz vječnost. Kao što je predhodno objašnjeno, Bog je postojao samo kao Svjetlost sa jakim glasom u ogromnom prostoru (Jevanđelje po Jovanu 1:1; 1. Jovanova Poslanica 1.5). Ali u određenom trenutku On je želio da ima nekoga sa kim će On podijeliti ljubav, i On je planirao ljudsku kultivaciju da bi stekao iskrenu djecu.

Da bi upravljao ljudskom kultivacijom, Bog je najprije podjelio prostor. On je podjelio prostor na duhovni prostor i na fizički prostor gdje će ljudi sa fizičkim tijelima moći da žive. Nakon toga, On je počeo da postoji kao Trojedini Bog. Prvobitan Bog počeo je da postoji u tri osobe kao Otac, Sin i Sveti Duh.

Biblija govori da je Bog Sin Isus Hrist rođen od Boga (Djela Apostolska 13:33), a Jevanđelje po Jovanu 15:26 i Poslanica Galaćanima 4:6 kažu da je Sveti Duh takođe došao od Boga. Kao stvaranje drugog ja, Sin Isus i Sveti Duh potiču od Boga Oca. Ovo je bilo apsolutno neophodno za ljudsku kultivaciju.

Isus Sin i Sveti Duh nisu stvorenja koje je Bog stvorio, već su Oni izvorni Bog Lično. Oni su jedno po porijeklu ali Oni postoje samostalno zbog ljudske kultivacije. Njihove uloge su različite ali su Oni jedno u srcu, mislima, moći i zbog toga mi kažemo da su Oni Trojedini Bog.

Priroda i poredak Trojedinog Boga

Kao i Bog Otac, Isus Sin i Sveti Duh su takođe svemogući. Takođe, Isus Sin i Sveti Duh osjećaju i žele ono što Bog Otac osjeća i želi. U drugom pravcu, Bog Otac osjeća radost i muke Isusa Hrista i Svetog Duha. A ipak, Tri Ososbe su nezavisna tijela koja imaju nezavisne osobine i Njihove uloge su takođe različite.

Sa jedne strane, Isus Sin je primio isto srce Boga Oca, ali Njegovo božanstvo je jače od Njegove dobrote. Prema tome Njegovo božansko dostojanje i pravda su mnogo izraženije. Sa druge strane, u slučaju Svetog Duha, Njegova dobrota je mnogo jača. Njegova nježnost, ljubaznost i milosne osobine su mnogo izraženije.

Kao što je objašnjeno, Bog Sin i Bog Sveti Duh su jedno u porijeklu sa Bogom Ocem ali su nezavisna tijela sa dobro izraženim osobinama. Njihove uloge su takođe različite u skladu sa redom. Poslije Boga Oca je Sin Isus Hrist a Sveti Duh je poslije Sina. On služi Sinu i Ocu sa ljubavlju.

Pravila Trojedinog Boga

Tri Osobe Svete Trojice upravljaju zajedno ljudskom kultivacijom. Svaka od Tri Osobe u potpunosti ispunjava Njegov dio, ali Oni ponekad i službuju zajedno u veoma važnim djelovima ljudske kultivacije.

Na primjer, Postanak 1:26 govori: „Potom reče Bog: „Da načinimo čovjeka po Svom obličju;"" Mi možemo zaključiti da je Trojedini Bog stvorio ljudska bića po Njihovom obličju. Takođe, kada je Bog sišao da provjeri kulu Vavilonsku, Tri Osobe su bile zajedno. Kada su ljudi počeli da grade kulu Vavilonsku sa željom da postanu kao Bog, Trojedini Bog je zbunio njihove jezike.

Kaže se u Postanku 11:7: „Hajde da Mi siđemo, i da im pometemo jezik, da ne razumiju jedan drugog šta govore." Ovdje „Mi" je lična zamenica u množini i mi možemo da vidimo da su Tri Osobe Trojedinog Boga bile zajedno. Kao što je objašnjeno, Tri Osobe ponekad su činile kao jedna, ali u stvari, Oni su činili sa odvojenim ulogama kako bi proviđenje ljudske kultivacije bilo ispunjeno od početka Stvaranja pa sve do spasenja ljudskih bića. Sada, koju ulogu ima svaka ponaosob Osoba Trojedinog Boga?

Isus Sin otvara vrata spasenja

Uloga Sina Isusa je da postane Spasitelj i otvori vrata spasenja za griješnike. Pošto je Adam zbog neposlušnosti jeo voće koje je bilo zabranjeno od strane Boga, grijeh je ušao u ljudska bića. Sada, ljudskim bićima je bilo potrebno spasenje.

I oni su bili osuđeni da padnu u vječnu smrt, vatru Pakla, u skladu sa zakonom duhovnog kraljevstva koji kaže da je plata za grijeh smrt. Međutim, Isus, Sin Božji, platio je kaznu smrti za griješnike kako oni ne bi pali u Pakao.

Sada, zašto je Isus Sin morao da postane Spasitelj cjelokupnog čovječanstva? Baš kao i što svaka zemlja ima svoje zakone, tako i duhovno kraljevstvo ima svoje zakone i ne može bilo ko da postane Spasitelj. Jedan može da otvori vrata spasenja samo kada stekne sve kvalifikacije. Koje su onda kvalifikacije da bi se postao Spasitelj i da bi se vrata spasenja otvorila za čovječanstvo koje je bilo osuđeno na smrt zbog grijehova?

Prije svega, Spasitelj mora da bude čovjek. 1. Korinćanima Poslanica 15:21 kaže: „Jer budući da kroz čovjeka bi smrt, kroz čovjeka i vaskrsenje mrtvih." Kao što je zapisano, zato što je smrt ušla u ljude zbog neposlušnosti čovjeka Adama, spasenje mora takođe da potiče od čovjeka kao što je Adam.

Drugo, Spasitelj ne smije da bude Adamov potomak. Svi Adamovi potomci su griješnici, rođeni su sa prvobitnim grijehom naslijeđenim od njihovih očeva. Ni jedan Adamov potomak ne može da postane Spasitelj. Ali Isus je začet od Svetog Duha i On nije potomak Adama. On nema ni jedan prvobitan grijeh naslijeđen od roditelja (Jevanđelje po Mateju 1:18-21).

Treće, Spasitelj mora da ima moć. Da bi oslobodio griješnike od neprijatelja đavola, Spasitelj mora da ima moć, a duhovna moć je biti bezgriješan. On ne smije da ima prvobitan grijeh i On ne smije da počini nijedan grijeh dok se povinuje Riječi Božjoj. On mora da bude oslobođen od svih mana ili mrlja.

Na kraju, Spasitelj mora da ima ljubav. Čak iako jedan ima sve od ovih tri kvalifikacija, on neće umrijeti zbog grijeha drugih ljudi ako nema u sebi ljubav. Onda, čovječanstvo nikada neće biti spašeno. Prema tome, Spasitelj mora da ima ljubav i da preuzme kaznu smrti umjesto čovječanstva kojji su griješnici.

Film „Stradanje Hristovo" veoma dobro je prikazalo Isusovo stradanje. Isus je bio bičovan i Njegovo meso je bilo pokidano. On je bio zakovan kroz Njegove ruke i noge i nosio je krunu od trnja na Njegovoj glavi. On je bio okačen na krstu i kada je na kraju On izdahnuo poslednji dah, On je bio proboden sa strane i prolio je svu Njegovu vodu i krv. On je preuzeo svu ovu patnju da bi nas otkupio od naših bezakonja, grijehova, bolesti i slabosti.

Još od Adamovog grijeha, ni jedno biće još nije dostiglo sve četiri kvalifikacije. Prije svega, Adamovi potomci su naslijedili prvobitan grijeh, naime griješnu prirodu od njihovih potomaka kada su rođeni. I ne postoji ni jedan čovjek koji je u potpunosti živio u skladu sa zakonom Božjim i ne postoji ni jedan čovjek koji nije uopšte zgriješio. Čovjek u velikim dugovima ne može da odplati dugove drugih. Na isti način, griješnici koji imaju prvobitan grijeh i koji su sami počinili grijehove ne mogu da spasu griješnike, druga ljudska bića. Iz ovog razloga Bog je pripremio tajnu skrivenu prije početka vremena, naime Isusa Sina Božjeg.

Isus je imao sve kvalifikacije Spasitelja. On je rođen na zemlji sa tijelom čovjeka, ali nije začet od kombinovanja sperme čovjeka i jajnika žene. Djevica Marija je zatrudnjela sa Svetim Duhom. Tako da, Isus nije bio potomak Adama i nije imao prvobitan grijeh. I kroz Njegov cijeli život On se u potpunosti povinovao Zakonu i nije počinio ni jedan lični grijeh.

Ovaj savršen kvalifikovan Isus je razapet sa požrtvovanom ljubavlju za griješnike. I prema tome, ljudi su stekli put spasenja da im bude oprošteno od njihovih grijehova kroz Njegovu krv. Da Isus nije postao Spasitelj, sva ljudska bića bi zbog Adamovog grijeha pala u Pakao. Takođe, da su svi pali u Pakao, cilj ljudske kultivacije ne bi bio ispunjen. Ovo znači da niko ne bi mogao da uđe u nebesko kraljevstvo i prema tome Bog ne bi stekao ni jednu iskrenu djecu.

Zbog toga je Bog pripremio Isusa Sina koji će izvesti ulogu Spasitelja, kako bi ispunio namjenu ljudske kultivacije. Svako ko vjeruje u Isusa, koji je umro na krstu za nas bez ijednog grijeha, njemu može biti oprošteno i može primiti pravo da postane dijete Božje.

Sveti Duh upotpunjuje spasenje

Sledeće, uloga Svetog Duha je da upotpuni spasenje koje su ljudi stekli kroz Isusa Sina. To je kao kada majka doji i neguje novorođenče. Sveti Duh usađuje vjeru u srcima onih koji prihvataju Gospoda i vodi ih do ne dostignu nebesko kraljevstvo. On razdvaja brojne duhove kada radi Njegovu službu. Prvobitno tijelo Svetog Duha je na jednom mjestu, ali brojni duhovi su razdvojeni od Njega da bi službovali na isti način svuda u svijetu sa istim srcem i istom moći.

Naravno, Otac Sin može takođe da razdvoji brojne duhove kao što je i slučaj sa Svetim Duhom. Isus je rekao u Jevanđelju po Mateju 18:20: „Jer gdje su dva ili tri sabrani u ime Moje onde sam Ja među njima." Mi možemo da razumijemo da Isus može da razdvoji brojne duhove od Sebe. Gospod Isus ne može da bude lično sa vjernicima na svakom mjestu gdje se oni okupljaju u Njegovo ime. Umjesto toga, On je razdvojio duhove da bi išao svuda i da bi bio sa njima.

Sveti Duh vodi svakog vjernika nježno i ljubazno kao majka dojilja koja se brine o njenom djetetu. Kada ljudi prihvate Gospoda, razdvojeni duhovi od Svetog Duha dolaze u njihova srca. Bez obzira koliko ljudi prihvate Gospoda, razdvojeni duhovi Svetog Duha mogu da uđu u srca svih njih i borave tamo. Kada se ovo dogodi, mi kažemo da su oni „primili Svetog Duha." Sveti Duh koji boravi u srcima vjernika pomaže im da oni steknu duhovu vjeru da bi bili spašeni i On trenira njihove duše da se razvijaju da bi ispunili mjeru kao privatni učitelji.

On vodi vjernike da revnosno nauče Riječ Božju, da promjene njihova srca u skladu sa Riječju i da nastave da se razvijaju duhovno. U skladu sa Riječju Božjom, vjernici moraju da promjene prijeku narav u krotkost, mržnju u ljubav. Ako ste imali u prošlosti ljutnju ili ljubomoru, sada vi morate da se radujete zbog uspjeha drugih u istini. Ako ste bili arogantni, sada morate da budete ponizni i da služite drugima.

Ako ste tražili sopstvenu korist u prošlosti, sada vi morate da žrtvujete sebe do tačke smrti. Ljudima koji vama čine zla djela, ne smete da činite zlo već treba da dotaknete nihova srca sa dobrotom.

Duha ne gasite

Čak i nakon što ste prihvatili Gospoda i vjernik ste već nekoliko godina, ako još uvijek imate neistinu kao da ste nevjernik, Sveti Duh koji boravi u vama će veoma mnogo jecati. Ako smo skloni lakom iritiranju kada patimo bez razloga, ili ako prenosimo optužbe i osude na našu braću u Hristu i otkrijemo njihove prijestupe, mi nećemo moći da podignemo glavu pred

Gospodom koji je umro za naše grijegove.

Pretpostavimo da ste stekli zvanje u crkvi kao što je đakon ili starješina, ali niste u miru sa drugim ili drugima otežavate situaciju, ili činite da se spotiču zbg vaše samopravednosti. Onda će Sveti Duh koji boravi u vama veoma mnogo žaliti. Pošto smo prihvatili Gospoda i ponovo smo rođeni, mi moramo da odbacimo svaku vrstu zla i grijeh da bi uvećali vjeru dan za danom.

Čak i posle prihvatanja Gospoda, ako i dalje živite u grijehovima svijeta i činite grijehove koji vode do smrti, Sveto Duh koji je u vama će vas na kraju napustiti i vaše ime će biti izbrisano iz knjige života. Izlazak 32:33 kaže: „A GOSPOD reče Mojsiju: „Ko Mi je zgriješio, onog ću izbrisati iz knjige Svoje.‟‟

Otkrivenje Jovanovo 3.5 govori: „Koji pobjedi on će se obući u haljine bijele, i neću izbrisati ime njegovo iz knjige života, i priznaću ime njegovo pred Ocem Svojim i pred anđelima Njegovim.‟ Ovi nam stihovi govore, da čak iako smo primili Svetog Duha i iako su naša imena upisana u knjizi života, ona mogu takođe biti i izbrisana.

Takođe, 1. Poslanica Solunjanima 5:19 kaže: „Duha ne gasite.‟ Kao što je rečeno, čak iako ste spašeni i primili ste Svetog Duha, ako ne živite u istini, Sveti Duh će se ugasiti.

Sveti Duh boravi u srcima svakog vjernika i vodi ga da ne izgubi spasenje konstatnim osvjetljavnjem istinom i zapovjeda mu da živi u skladu sa voljom Božjom. Dok nas uči o grijehu i pravednosti On nam dozvoljava da znamo da je Bog Stvoritelj, Isus Hrist naš Spasitelj, da postoje nebesa i Pakao i da će biti Sud.

Sveti Duh posreduje za nas pred Bogom Ocem baš kao što je zapisano u Poslanici Jevrejima 8:26: „A tako i Duh pomaže nam u našim slabostima: jer ne znamo za šta ćemo se moliti kao što treba, nego sam Duh moli se za nas uzdisanjem neiskazanim." On tuguje kada djeca Božja počine grijhove i pomaže im da se pokaju i odvrate od njihovih puteva.

I On izliva nad njima inspiraciju i ispunjenost Svetim Duhom i daje i različite darove da bi mogli da odbace sve vrste grijehova i iskuse djela Božja. Mi koji smo djeca Božja moramo da tražimo ovakva djela od Svetog Duha i da težimo ka još dubljim stvarima.

Bog Otac, rukovodioc ljudske kultivacije

Bog Otac je rukovodioc velikog plana za ljudsku kultivaciju. On je Stvoritelj, Vladaoc, Sudija u Poslednjem danu. Bog Sin, Isus Hrist, otvorio je vrata za spasenje ljudskih bića koji su griješnici. Na kraju, Bog Sveti Duh vodi one koji su spašeni da imaju iskrenu vjeru i da dostignu potpuno spasenje. Drugim riječima, Sveti Duh ispunjava spasenje dato svakom vjerniku. Svako službovanje Tri Osobe Božje čini kao jedna moć u ispunjavanju proviđenja ljudske kultivacije kao iskrena djeca.

Međutim, svaka od Njihove službe se jasno razlikuje u skladu sa redom a ipak Tri Osobe u saglasnosti čine u isto vrijeme. Kada je Isus došao na zemlju, On je u potpunosti pratio volju Oca i nije potvrđivao Njegovu sopstvenu volju. Sveti Duh je bio sa Isusom i pomagao je Njegovom službovanju, od vremena kada je Isus začet u djevici Mariji. Kada je Isus bio zakovan na krstu i kada je patio od bolova, Otac i Sveti Duh su imali isti osjećaj i bol u isto vrijeme.

Na isti način, kada Sveti Duh jeca i zauzima se za duše, Gospod i Otac osjećaju istu bol i takođe tuguju. Tri Osobe Trojedinog Boga rade sve isto sa jednim srcem i voljom u svakom trenutku i osjećaju iste emocije u odnosu na službu svake Osobe. Jednom riječju, Tri Ososbe su ispunjavale sve kao Tri u Jednom.

Trojedini Bog ispunjava proviđenje spasenja

Tri Osobe Bože su ispunile proviđenje ljudske kultivacije kao Tri u Jednom. Rečeno je u 1. Jovanovoj Poslanici 5.8: „Duh i voda i krv; i troje je zajedno." Voda ovdje simbolizuje službu Boga Oca koji je Riječ. Krv stoji za službu Gospoda koji je prolio krv na krstu. Trojedini Bog radi službovanje kao Duh, Voda i Krv koje su zajedno, kako bi svjedočio da su djeca koja vjeruju spašena.

Tako da, mi moramo jasno da razumijemo svaku službu ponaosob Trojedinog Boga i ne smemo da se usmjeravamo samo ka jednoj Osobi Svete Trojice. Samo kada mi prihvatimo i vjerujemo u Tri Ososbe Trojedinog Boga, mi možemo da budemo spašeni sa vjerom u Boga i ćemo moći da kažemo da poznajemo Boga. Kada se mi molimo, mi se molimo u ime Isusa Hrista, ali Otac Bog je taj koji nama dogovara i Sveti Duh je taj koji nam pomaže da dobijemo odgovor.

Isus je takođe rekao u Jevanđelju po Mateju 28:19: „Idite dakle i naučite sve narode krsteći ih va ime Oca i Sina i Svetog Duha," a apostol Pavle je blagoslovio vjernike u ime Svete Trojice u 2. Poslanici Korinćanima 13:14: „Blagodat Gospoda našeg Isusa Hrista i ljubav Boga i Oca i zajednica Svetog Duha sa svima vama." Zbog toga, na službama nedjeljom ujutru, dat je blagoslov kako bi djeca Božja primila milost Spasitelja i Gospoda Isusa Hrista, ljubav Boga Oca i inspiraciju i ispunjenost Svetim Duhom.

Poricanje Trojedinog Boga i djela Svetog Duha

Postoje neki ljudi koji ne prihvataju Svetu Trojicu. Među njima su Jehovini svjedoci. Oni ne prepoznaju božanstvo Isusa Hrista. Oni takođe ne prepoznaju individualnu ličnost Svetog Duha i zbog toga su smatrani jereticima.

Biblija govori da oni koji se odreknu Isusa Hrista i koji sebi donose brzo unštenje da su jeretici (2. Petrova Poslanica 2:1). Oni izgledaju po spoljašnosti kao da praktikuju hrišćanstvo ali oni ne prate volju Božju. Oni nemaju nikakve veze sa spasenjem i mi vjernici ne smemo da budemo podjeljeni.

Za razliku od tih jeresa, neke crkve poriču djela Svetog Duha iako oni govore i potvrđuju vjeru u Svetu Trojicu. Biblija prikazuje različite darove Svetog Duha kao što su govorenje različitim jezicima, prorokovanje, božanstvena iscjeljenja, otkrivenja i vizije. I postoje neke crkve koje osuđuju ovakva djela Svetog Duha kao da je to nešto loše i pokušavaju da ometaju djela Svetog Duha, iako priznaju da su vjerovali u Boga.

Oni često optužuju crkve koje manifetuju darove Svetog Duha kao jeretničke. Ovo direktno vrijeđa volju Boga i oni čine neoprostiv grijeh bogohuljenja, sramote i protivljenja Svetom Duhu. Kada oni počine ovakve grijehove, duh pokajanja ne dolazi do njih i oni ne mogu čak ni da se pokaju.

I ako ošamare ili optuže slugu Božjeg ili crkvu ispunjenu sa djelima Svetog Duha, to je isto kao i optuživanje Trojedinog Boga i kao čin da neprijatelj stoji protiv Boga. Djeca Božja koja su spašena i koja su primila Svetog Duha ne smiju da izbjegnu djela Svetog Duha, već baš suprotno tome, oni treba da žude za ovakvim djelima. Naročito svještenici moraju ne samo da iskuse djela Svetog Duha, već takođe i da izvode djela Svetog

Duha kako bi njihovo stado moglo da živi životom u izobilju sa ovakvim djelima.

1. Korinćanima Poslanica 4.20 kaže: „Jer carstvo Božje nije u riječi nego u sili." Ako svještenici uče nihova stada sa znanjem i formalnostima, to znači da slijep čovjek vodi drugog slijepog čovjeka. Svještenici moraju da uče njihova stada tačnom istinom i dozvole im da iskuse dokaze živog Boga dok izvode djela Svetog Duha.

Današnje vrijeme se odnosi na nas kao na „Eru Svetog Duha." Pod vođstvom Svetog Duha, mi primamo obilne blagoslove i milost Trojedinog Boga koji kultiviše ljudska bića.

Jevanđelje po Jovanu 14:16-17 kaže: „I Ja ću umoliti Oca, i daće vam drugog utješitelja da bude s vama vavijek; Duha istine, kog svijet ne može primiti, jer Ga ne vidi niti Ga poznaje; a vi Ga poznajete, jer u vama stoji, i u vama će biti."

Nakon što je Gospod ispunio službu ljudskog spasenja, vaskrsao i uzdigao na nebesa, Sveti Duh je zamenio Gospoda u službi ljudske kultivacije. Sveti Duh je sa svakim vjernikom koji prihvata Gospoda i vodi ove vjernike ka istini koja boravi u srcu svakog vjernika.

Šta više, danas kako grijeh preovladava i ubrzano prekriva ovaj svijet, Bog Sebe pokazuje onima koji Njega traže iz srca i daje im vatrena djela Svetog Duha. Ja se nadam da ćete vi postati iskrena djeca Božja u djelima Oca, Sina i Svetog Duha, kako bi mogli da primite sve što tražite u molitvi i dostignete potpuno spasenje.

Primjeri iz Biblije 1

Stvari koje su se dogodile kada se kapija drugog neba otvorila na prvom nebu.

Prvo nebo je fizički prostor u kome mi živimo.

Na drugom nebu je oblast svjetlosti, Edem i oblast tame.

Na trećem nebu je nebesko kraljevstvo gdje ćemo mi živjeti vječno.

Četvrto nebo je prostor prvobitnog Boga, koje je isključivo za Trojedinog Boga.

Ovdje „neba" su striktno odvojena, ali svaki prostor se „graniči" jedan sa drugim.

Kada je potrebno, kapija drugog neba se otvara u prostoru prvog neba gdje mi sada živimo.

Ponekad, prostor između trećeg i četvrtog neba takođe može biti otvoren.

Mi možemo da naiđemo na mnogo dokaza gdje se stvari sa drugog neba događaju u ovom prvom nebu.

Kada se kapija drugog neba otvara i stvari Edemskog vrta izađu u prostor prvog neba, oni koji žive u prvom nebu mogu da dotaknu i vide ove stvari.

Vatreni sud nad Sodomom i Gomorom

Postanak 19:24 govori: „Tada pusti GOSPOD na Sodom i na Gomor od GOSPODA s neba dažd od sumpora i ognja." Ovdje „od GOSPODA s neba" znači da je Bog otvorio kapiju prostora drugog neba i doneo je sumpor i oganj odatle. Isto je bilo i na gori Karmil kada se Ilija suočio sa 850 svještenika nejevrejskih bogova i kad im je sasuo odgovor sa vatrom. U 1. Knjizi Kraljevima 18:37-38 kaže se: „Usliši me, GOSPODE, usliši me, da bi poznao ovaj narod da si Ti GOSPODE Bog, kad opet obratiš srca njihova." Tada pade oganj GOSPODNJI i spali žrtvu paljenicu i drva i kamen i prah, i vodu u opkopu popi." Vatra drugog neba može u stvari da spali stvari prvog neba.

Zvijezda koja je vodila tri mudraca

Jevanđelje po Mateju 2:9 kaže: „I oni saslušavši cara, pođoše: a to i zvijezda koju su vidjeli na istoku, iđaše pred njima dok ne dođe i stade odozgo gdje bješe Dijete." Zvijezda sa drugog neba se pojavila i pojavljivala se i nestajala je neko vrijeme. Kada su mudraci došli do destinacije, zvijezda se tu zaustavila.

Ako je ova zvijezda sa prvog neba, imala bi nevjerovatan efekat nad univerzum, jer se sve zvijezde sa prvog neba pomjeraju po svom putu na veoma pravilan način. Mi možemo da razumijemo da je zvijezda koja je vodila tri mudraca nije bila od onih sa prvog neba.

Bog je pomjerio zvijezdu u drugom nebu tako da ne bi imala nikakav uticaj na univerzum prvog neba. Bog je otvorio prostor drugog neba kako bi mudraci mogli da vide ovu zvijezdu.

Manna data sinovima Izraela

Izlazak 16:4 kaže: „A GOSPOD reče Mojsiju: „Evo učiniću da vam daždi iz neba hljeb, a narod neka izlazi i kupi svaki dan koliko treba na dan, da ga okušam hoće li hoditi po Mom zakonu ili neće.""

Kao što je On rekao da će On „daždi iz neba hljeb," Bog je dao mannu sinovima Izraela dok su lutali pustinjom 40. godina. Manna je bila kao sjeme korijandera i njen izgled je bio kao smola. Njen ukus je bio kao kolač ispečen sa uljem. Kao što je objašnjeno, postoje mnogi zapisi o događajima koji su se dogodili kada se kapija prostora drugog neba otvorila u prvom nebu.

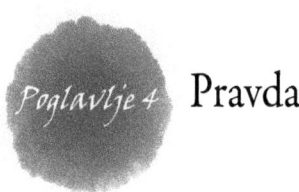 # Poglavlje 4 Pravda

"
Mi možemo da riješimo bilo koji problem"
i sebi prinesemo blagoslove i odgovore na molitve
kada razumijemo u potpunosti pravdu Božju
i činimo u skladu sa njom.
"

Božja pravda

Bog čuva Njegovu pravdu bez greške

Činiti po pravilima Božje pravde

Dvije strane pravde

Veće dimenzije pravde

Vjera i povinovanje - osnovna pravila pravde

*„I izvešće kao vidjelo pravdu tvoju,
i pravicu tvoju kao podne."*

(Psalmi 37:6)

Postoje problemi koji ne mogu biti riješeni bilo kojom ljudskom metodom. Ali oni mogu u momentu nestati ako ih samo Bog gaji u Njegovom srcu.

Na primjer, matematičke probleme koje učenici osnovnih škola smatraju teškim, oni ne predstavljaju ništa za studente fakulteta. Na isti način, za Boga ništa nije nemoguće, zato što je On Vladalac nad svim nebesima.

Da bi iskusili moć svemogućeg Boga, mi moramo da poznajemo načine u kojima ćemo dobiti odgovore od Boga i praktikovati ih. Mi možemo da riješimo problem i prinesemo odgovore i blagoslove kada razumijemo u potpunosti Božju pravdu i činimo u skladu sa njom.

Božja pravda

Pravda se odnosi na pravila koje je Bog postavio i ta pravila se precizno sprovode. Još jednostavnije rečeno, to je kao pravilo „uzrok i posljedica." Postoje pravila koja čine da pojedini uzroci dovode do određenih rezultata.

Čak i nevjernici govore da žanjemo ono što smo posijali. Korejanska izreka kaže: „Žanješ pasulj gdje si pasulj posadio, i žanješ crveni pasulj gdje si crveni pasulj posadio." Kao što postoje pravila poput ova, pravila pravde su mnogo strožija u istini Božjoj.

Biblija govori: „Ištite, i daće vam se; tražite, i naći ćete; kucajte, i otvoriće vam se" (Jevanđelje po Mateju 7:7). „Ne varajte se, Bog se ne da ružiti; jer šta čovjek posije ono će i požnjeti" (Poslanica Galaćanima 6:7). „Ovo pak velim, koji s tvrđom sije, s tvrđom će i požnjeti; a koji blagoslov sije, blagoslov će i požnjeti" (2. Korinćanima Poslanica 9:6). Ovo su samo neki od primjera pravila pravde.

Takođe, postoje pravila o posljedicama grijeha. Poslanica Rimljanima 6:23 kaže: „Jer je plata za grijeh smrt, a dar Božji je život vječni u Hristu Isusu Gospodu našem." Poslovice 16:18 govore: „Oholost dolazi pred pogibao, i ponosit duh pred propast." Jakovljeva Poslanica 1:15 kaže: „Tada zatrudnjevši slast rađa grijeh, a grijeh učinjen rađa smrt."
Pored ovih pravila, takođe postoje pravila koja nevjernici ne mogu baš da razumiju. Na primjer, Jevanđelje po Mateju 23:11 kaže: „A najveći između vas da vam bude sluga." Jevanđelje po Mateju 10:39 govori: „Koji čuva dušu svoju, izgubiće je; a koji izgubi dušu svoju Mene radi, naći će je." Kasniji odjeljak u Djelima Apostolskim 20:35 kaže: „Mnogo je blaženije davati negoli uzimati." Da i ne govorimo da ih shvataju, nevjernici čak i misle da su ova pravila pogriješna.

Ali Riječ Božja nikada nije pogriješna i nikada se ne mijenja. Istina o kojoj svijet govori mijenja se kako vrijeme prolazi, ali riječi Božje zapisane u Bibliji, naime pravila pravde, su ispunjene kako je i zapisano.
Prema tome, ako mi možemo ispravno da razumijemo pravdu Božju, mi možemo da pronađemo slučajeve gdje je bilo koji problem i riješimo ga. Slično možemo takođe da dobijemo odgovore na želje našeg srca. Biblija objašnjava razlog zašto dobijamo bolest, zašto patimo zbog finansijskih problema, zašto ne postoji mir u našoj porodici, ili zašto smo izgubili milost

Božju i posrnuli.

Ako mi samo razumijemo pravila pravde zapisana u Bibliji, mi možemo da primimo blagoslove i odgovore na naše molitve. Bog revnosno čuva sva pravila koja je On postavio i prema tome, ako samo činimo u skladu sa njima, mi ćemo svakako primiti blagoslove i odgovore na probleme.

Bog čuva Njegovu pravdu bez greške

Bog je Stvoritelj i Vladaoc nad svim stvarima a ipak On nikada ne krši pravila pravde. On nikada ne govori: „Ja sam stvorio ova pravila ali Ja ne moram da ih se pridržavam." On čini u svemu tačno po poravilima, bez ijedne greške.

To je bilo da bi nas otkupio od naših grijehova upravo u skladu sa pravilima pravde da je Sin Božji, došao na ovu zemlju i umro na krstu.

Neki će možda reći: „Zašto Bog jednostavno ne uništi đavola i sve spasi?" Ali On to nikada neće učiniti. On je postavio pravila pravde dok je pravio plan za ljudsku kultivaciju na početku i On ih čuva takve kakve jesu. Zato je On dao takvu veliku žrtvu tako što je dao Njegovog jednog i jedinorodnog Sina da bi otvorio za nas put spasenja.

Prema tome, mi ne možemo da budemo spašeni i odemo na Nebesa ako samo priznamo: „Ja vjerujem!" sa našim usnama i ako odemo u crkvu. Mi moramo da budemo u granicama spasenja koje su postavljene od Boga. Da bi mi bili spašeni mi moramo da vjerujemo u Isusa Hrista kao našeg ličnog Spasitelja i povinujemo se Riječima Božjim dok živimo u skladu sa pravilima pravde.

Osim ovog pitanja o spasenju, postoje mnogi dijelovi iz Biblije koji nam objašnjavaju pravdu Božju, koja ispunjava sve u skladu sa zakonom duhovnog kraljevstva. Ako mi možemo da razumijemo ovu pravdu, nama će biti lako da riješimo probleme naših grijehova. To će takođe doprinjeti tome da lakše primimo blagoslove i odgovore na molitve. Na primjer, šta treba da uradite ako želite da dobijete želje vašeg srca? Psalmi 37:4 govore: „Tješi se GOSPODOM, i učiniće ti šta ti srce želi." Da bi mogli zaista da uživate u Bogu, vi najprije morate da ugodite Bogu. I mi možemo da nađemo mnogo načina da ugodimo Bogu u mnogim djelovima Biblije.

Prvi dio Poslanice Jevrejima 11:6 govori: „A bez vjere nije moguće ugoditi Bogu." Mi možemo da ugodimo Bogu do te mjere da vjerujemo u Riječ Božju, odbacimo grijehove i postanemo posvećeni. Takođe, mi možemo da ugodimo Bogu sa našim naporima i prinosima kao kralj Solomon koji je dao hiljadu ponuda. Mi takođe možemo da činimo i dobrovoljan rad za Božje kraljevstvo. Postoje i mnogi drugi načini.

Prema tome, mi treba da razumijemo da čitanje Biblije i slušanje ceremonija je jedan od načina da se nauče pravila pravde. Ako mi samo pratimo ova pravila i ugađamo Bogu, mi možemo da primimo želje našeg srca i damo salvu Bogu.

Činiti po pravilima Božje pravde

Otkako sam ja prihvatio Gospoda i shvatio pravdu Božju, bilo mi je veliko zadovoljstvo da vodim život u vjeri. Kako sam činio u skladu sa pravilima pravde, dobio sam ljubav Božju i finansijske blagoslove.

Takođe, Bog govori da će nas On zaštititi od bolesti i nesreća ako živimo u skladu sa Riječju Božjom. A kako sam ja i članovi moje porodice živjeli samo sa vjerom, svi članovi moje porodice su bili toliko zdravi da nikada nismo bili ni u jednu bolnicu niti smo uzimali lijekove od kako sam prihvatio Gospoda.

Zato što sam ja vjerovao u pravdu Božju koji nam je dozvolio da požnjemo ono što smo posijali, ja sam uživao da dajem Bogu čak iako sam živio siromašan život. Neki ljudi kažu: „Ja sam toliko siromašan da nemam šta da dam Bogu." Ali ja sam revnosnije davao zato što sam bio siromašan.

2. Poslanica Korinćanima 9:7 kaže: „Svaki po volji svog srca, a ne sa žalošću ili od nevolje; jer Bog ljubi onog koji dragovoljno daje." Kao što je rečeno, ja nikada nisam stao pred Bogom praznih ruku.

Uvijek sam uživao dok sam davao Bogu sa zahvalnošću čak iako sam imao malo i uskoro nakon toga, ja sam dobio finansijski blagoslov. Ja mogu da dam sa radošću jer znam da će Bog dati meni potisnutom, uzdrmanom i pregaženom 30, 60 i 100 puta više od onoga što sam dao za Božje kraljevstvo sa vjerom.

Kao rezultat, ja sam vratio veliku količinu dugova koji su se nakupili dok sam bio bolestan sedam godina u krevetu i do sada, ja sam toliko blagosloven da mi ništa ne nedostaje.

Takođe, zato što sam znao zakon pravde da Bog daje Njegovu moć onima koji su oslobođeni od zla i koji su posvećeni, ja sam nastavio da odbacujem zlo iz sebe kroz revnosne molitve i post i na kraju sam dobio Božju moć.

Današnja nevjerovatna moć Božja je manifestvovana zato što sam dostigao dimenziju ljudbavi i pravde koju je Bog zahtjevao od mene dok sam strpljivo prolazio kroz mnoge nevolje i isušenja. Bog mi nije tek tako bezuslovno dao Njegovu moć. On mi je dao dok je strogo pratio pravila pravde. Zbog toga neprijatelj đavo i Sotona na ovo ne mogu da prigovore.

Pored ovoga, ja sam vjerovao i praktikovao sam sve riječi iz Biblije a takođe sam iskusio sva čudesna djela i blagoslove koja su zapisana u Bibliji.

I takva djela se nisu samo meni dogodila. Ako neko razumije pravila pravde Božje zapisana u Bibliji i čini u skladu sa njima, on može da primi istu vrstu blagoslova koju sam ja primio.

Dvije strane pravde

Obično ljudi misle da je pravda nešto zastrašujuće koju prati kazna. Naravno, u skladi sa pravdom zastrašujuće kazne će pratiti grijehove i zlo, ali suprotno tome, ovo može biti ključ koji nama donosi blagoslove.

Pravda je kao dvije strane novčića. Za one koji žive u tami, to je nešto strašno, ali za one koji žive u Svjetlosti, to je nešto zaista dobro. Ako pljačkaš drži kuhinjski nož to može da postane oružje za ubistvo ali ako ga drži majka, onda je to oruđe u spremanju hrane koje joj pomaže da spremi odlične obroke za njenu porodicu.

Prema tome, u zavisnosti na koju pojedinačnu pravdu Božju

se odnosi, to može da bude ili nešto veoma strašno ili može biti nešto veoma radosno. Ako mi razumijemo dvije strane pravde, mi takođe možemo da razumijemo da je pravda ispunjena ljubavlju a ljubav Božja je takođe ispunjena pravdom. Ljubav bez pravde nije prava ljubav a pravda bez ljubavi ne može takođe da bude prava pravda.

Na primjer, šta će se dogoditi ako kaznite vašu djecu svaki put kada urade nešto pogriješno? Ili, šta ako uvijek ostavite vašu djecu nekažnjeno? U oba slučaja, vi ćete biti uzrok ako vaša djeca zastrane.

U skladu sa pravdom, ponekad vi mora strogo da kaznite vašu djecu za njihova pogriješna djela ali vi ne možete sve vrijeme samo da im pokazujete „pravdu." Ponekad vi morate da im pružite drugu priliku i ako se oni zaista okrenu od njihovih puteva, vi morate da im pokažete oproštaj i milost sa vašom ljubavlju. Ali opet, vi ne možete uvijek da im pokazujete milost i ljubav. Vi morate da povedete vašu djecu na pravi put kroz kaznu ako je to potrebno.

Bog nam govori o bezgraničnom praštanju u Jevanđelju po Mateju 18:22 koje kaže: „Ne velim ti do sedam puta, nego do sedam puta sedamdeset."

Međutim, u isto vrijeme Bog govori da je iskrena ljubav ponekad praćena kaznom. Poslanica Jevrejima 12:6 govori: „Jer koga ljubi Gospod onog i kara; a bije svakog sina kog prima." Ako mi razumijemo ovaj odnos između ljubavi i pravde, mi ćemo takođe razumijeti da je pravda savršena u ljubavi i kako nastavljamo da razmišljamo o pravdi, mi ćemo razumijeti da je duboka ljubav sadržana u pravdi.

Veće dimenzije pravde

Pravda takođe ima različite dimenzije na različitim nebima. Naime, kako se mi penjemo u nivoima neba, od prvog neba do drugog, trećeg i četvrtog neba, dimenzije pravde postaju takođe sve više otvorene i duboke. Različita neba zadržavaju njihova pravila u skladu sa pravdom svakog neba.

Razlog zbog kojeg postoji razlika u dimenzijama prvde na svakom nebu je zato što se dimenzija ljubavi na svakom nebu razlikuje. Ljubav i pravda ne mogu biti odvojene. Što je dublja dimenzija ljubavi time je dublja i dimenzija pravde.

Ako mi čitamo Bibliju, možda će izgledati da se pravda Starog Zavjeta i Novog Zavjeta razlikuju jedna od druge. Na primjer, Stari Zavjet kaže: „Oko za oko," što je princip osvete, ali u Novom Zavjetu kaže se: „Volite vaše neprijatelje." Princip osvete se promjenio u princip oproštaja i ljubavi. Onda, da li ovo znači da se volja Boga promjenila?

Ne, ovo nije slučaj. Bog je duh i nepromjenljiv je, tako da srce i volja Božja sadržane u oba i Starom i Novom Zavjetu je ista. To samo zavisi do koje mjere su ljudi ispunili ljubav, ista pravda će se primjeniti u različitoj mjeri. Sve dok Isus nije došao na ovu zemlju i ispunio Zakon sa ljubavlju, nivo ljubavi koji su ljudi mogli da razumiju je bio veoma nizak.

Da im je rečeno da vole njihove neprijatelje, što je veoma visok nivo pravde, oni ne bi mogli da to iznesu. Iz ovog razloga, u Starom Zavjetu, nizak nivo uloge pravde, koja je „oko za oko," se primjenjivao da bi se ustanovio red.

Međutim, nakon što je Isus ispunio Zakon sa ljubavlju kada

je došao na ovu zemlju i dao Njegov život za nas griješnike, nivo pravde koju je Bog zahtjevao od nas bića se uzdigao.

Iz primjera Isusa, mi već možemo da vidimo nivo ljubavi koji ide od nižeg nivoka do nivoa gdje se vole čak i neprijatelji. Tako da se princip osvete koji kaže „oko za oko" više ne primjenjuje. Sada, Bog od nas traži dimenzije pravde u kojima su pravila oproštaja i milosti primjenjene. Naravno, ono što je Bog zaista želio, čak i u eri Starog Zavjeta, bio je oproštaj i milost, ali ljudi u tom vremenu nisu baš to razumijeli.

Kao što je objašnjeno, baš kao što postoji razlika u dimenzijama ljubavi i pravde u Starom Zavjetu i Novom Zavjetu, dimenzija pravde se razlikuje u zavisnosti od dimenzije ljubavi na svakom nebu.

Na primjer, vidjevši ženu koja je bila uhvaćena u činu preljube, ljudi koji su činili u skladu sa nižim nivoom pravde prvog neba, rekli su da odmah treba da je kamenuju. Ali Isus, koji je imao najveći nivo pravde, što je pravda četvrtog neba, rekao joj: „Ni Ja te ne osuđujem. Idi. I odsele više ne griješi" (Jevanđelje po Jovanu 8:11).

Prema tome, pravda je u našim srcima i svaka osoba osjeća različitu dimenziju pravde u skladu sa mjerom do koje su ispunili njihova srca sa ljubavlju i koliko su kultivisali njihovo srce sa duhom. Ponekad, oni koji posjeduju nižu dimenziju pravde ne mogu da razumiju pravdu onih koji posjeduju veću dimenziju pravde.

To je zato što ljudi od mesa nikada ne mogu u potpunosti da

shvate šta radi Bog. Samo oni koji su kultivisali njihova srca sa ljubavlju i duhovnim mislima mogu precizno da shvate pravdu Božu i nju primjenjuju.

Ali primjena veće dimenzije pravde ne znači da će nadvlatati ili prekršiti pravdu koja je u nižoj dimenziji. Isus je posjedovao dimenziju četvrtog neba, ali On nikada nije ignosrisao pravdu ove zemlje. Drugim riječima, On je pokazao pravdu rećeg neba ili višeg na ovoj zemlji u granicama pravila pravde na ovoj zemlji.

Slično tome, mi ne možemo da prekršimo pravdu koja se primjenjuje na prvom nebu dok živimo na ovom prvom nebu. Naravno, kako se dimenzija naše ljubavi produbljuje, širina i dubina pravde takođe narasta, ali osnovni poredak je isti. I prema tome, mi moramo tačno da razumijemo pravila pravde.

Vjera i povinovanje - osnovna pravila pravde

Tako da, koji je to osnovni poredak i pravila pravde koje mi treba da razumijemo i pratimo da bi dobili odgovore na naše molitve? Postoje mnogo stvari uključujući na primjer, dobrotu i skromnost. Ali, dva najosnovnija principa su vjera i povinovanje. To je pravilo pravde koje mi primamo kao odgovor kada vjerujemo Riječi Božjoj i povinujemo joj se.

Kapetan iz Jevanđelja po Mateju u poglavlju 8, imao je veoma bolesnog slugu. On je bio kapetan vladajućeg Rimskog carstva, ali je bio dovoljno skroman da dođe pred Isusa. Takođe, on je imao dobro srce da lično dođe pred Isusa zbog njegovog bolesnog sluge.

Iznad svega, razlog zbog kojeg je on mogao da dobije

odgovore je zato što je on imao vjeru. Prije nego što je odlučo da ode pred Isusa, on mora da je čuo mnoge stvari o Isusu od ljudi u njegovoj okolini. On mora da je čuo vijesti o slijepom čovjeku koji je progledao, mutavom koji je progovorio i o mnogim drugim ljudima koje je Isus iscelio.-

Čuvši ovakve vesti kapetan je vjerovao Isusu i počeo je da posjeduje vjeru da je takođe mogao da primi njegovu želju za njegovog slugu ako ode pred Njega.

Kada se on u stvari sreo sa Isusom, on je priznao vjeru govorivši: „Gospode, nisam dostojan da pod krov moj uđeš, nego samo reci riječ, i ozdraviće sluga moj" (Jevanđelje po Mateju 8:8). On je mogao da kaže ono što je i rekao zato što je u potpunosti vjerovao Isusu dok je slušao vijesti o Njemu.

Da bi i mi posjedovali takvu vjeru, mi najprije moramo da se pokajemo što se nismo povinovali Riječi Božjoj. Ako razočaramo Boga na bilo koji način, ako ne održimo obećanje dato pred Bogom, ako ne održavamo Gospodnji dan svetim ili ako ne dajemo prikladan desetak, onda mi moramo da se pokajemo u svim ovim stvarima.

Takođe, mi moramo da se pokajemo zato što volimo svijet, zato što nemamo mir sa ljudima, zato što čuvamo i činimo sa svim vrstama zla kao što su-strast, iritacija, razočarenje, loša osjećanja, ljutnja, ljubomora, svađa i laž. Kada slomimo ove zidine grijehova i primimo molitvu moćnog sluge Božjeg, nama može biti data vjera da dobijemo odgovore i mi u stvari možemo da dobijemo odgovore kao što smo vjerovali da ćemo dobiti, u skladu sa pravilima pravde.

Pored ovih stvari, postoje i mnoge druge stvari kojima

moramo da se povinujemo i koje treba da pratimo da bi dobili naše odgovore, kao što su posjećivanje različitih službi bogosluženja, molitve bez prestanka i davanje Bogu. A da bi mogli u potpunosti da se povinujemo, mi moramo da se u potpunosti odreknemo nas samih.

Naime, mi moramo da odbacimo naš ponos, aroganciju, samopravednost i samopouzdanje, sve naše teorije i misli, hvalisanje o ponosnom životu i želju da se oslonimo na svijet. Kada se mi u potpunosti ponizimo i odreknemo se na ovaj način, mi možemo da primimo odgovor u skladu sa zakonom pravde zapisanim u Jevanđelju po Luki 17:33: „Koji pođe da sačuva dušu svoju, izgubiće je; a koji je izgubi, oživeće je."

Razumijeti pravdu Božju i njoj se povinovati, znači priznanje Boga. Zato što mi priznajemo Boga, mi možemo da pratimo pravila koja je On utvrdio. I vjera je ta koja priznaje Boga na ovaj način a iskrena vjera je uvijek praćena djelima povinovanja.

Ako vi razumijete svaki grijeh koji se na vas odražava sa Riječju Božjom, vi morate da se pokajete i okrenete od tih puteva. Ja se nadam da ćete vi vjerovati Bogu u potpunosti i da ćete se osloniti na Njega. Da bi tako uradili, ja se nadam da ćete shvatiti pravila pravde Božje jednu za drugom i praktikovati ih kako bi dobili odgovore i blagoslove od Boga koji nam dozvoljava da požnjemo ono što smo posijali i koji nam uzvraća u skladu sa našim djelima.

Princeza Džejn Mpologoma (Jane Mpologoma (London, Velika Britanija))

Na pola puta oko svijeta

Živim u Birmingemu (Birmingham). To je veoma lijepo mjesto. Ja sam kći prvog predsjednika kraljevstva Bugande i udata sam za skromnog, ljubaznog čovjeka u Velikoj Britaniji i imam tri ćerke.

Mnogi ljudi bi poželjeli da žive ovakvom vrstom bogatog života, ali ja baš nisam bila srećna. Uvijek sam osjećala žeđ u svojoj duši koja nije mogla da bude ispunjena sa bilo čim. Dugo vremena sam imala hronični gastrointestinalni poremećaj koji mi je uzrokovao dosta bola. Nisam mogla da jedem niti dobro da spavam.

Bila sam mučena različitim bolestima kao što su visoki nivo holesterola, srčano oboljenje i nizak krvni pritisak. Doktori su me upozorili da mogu da dobijem infarkt ili šlog.

Ali u Avgustu 2005. godine, imala sam životnu prekretnicu. Slučajno mi se ukazala prilika da se susretnem sa jednim od asistenata pastora Manmin centralne crkve koji je bio u posjeti Londonu. Dobila sam knjige i snimke sa propovedima od njega i one su me veoma duboko

Sa njenim suprugom Davidom

dirnule.

One su bile zasnovane na Bibliju ali nisam mogla ni na jednom drugom mjestu da čujem takve duboke i inspirativne poruke. Moja žedna duša je bila zadovoljna i moje duhovne oči su se otvorile da bi razumijela Riječ.

Na kraju sam posjetila južnu Koreju. U trenutku kada sam zakoračila u Manmin centralnu crkvu moje cijelo tijelo je bilo obmotano sa mirom. Primila sam molitvu od svještenika Džeroka Lija. Bilo je to onda kada se se vratila u Veliku Brotaniju da sam shvatila ljubav Božju. Rezultati endoskopije koji su urađeni 21 oktobra bili su normalni. Nivo holesterola bio je normalan i krvni pritisak je bio takođe u normali. Bila je to moćna molitva!

Ovo iskustvo mi je dozvolilo da imam još više vjere. Imala sam srčana oboljenja i pisala sam svješteniku Džeroku Liju da se moli za mene. On se molio za mene za vrijeme jedne od vječernjih službi bogosluženja petkom u Manmin centralnoj crkvi, 11 Novembra. Ja sam primila njegovu molitvu putem interneta sa druge polovine zemljine kugle.

On se molio: „Ja zapovjedam u ime Isusa Hrista, srčani problemi nestanite. Oče Bože, učini je zdravom!"

Osjetila sam jako djelo Svetog Duha u trenutku kada sam primila molitvu. Pala bih od jake moći da me moj suprug nije zadržao. Došla sam svijesti poslije oko 30 sekundi.

Angiografiju sam ponovima 16. Novembra. Moj doktor je to predložio zato što sam imala problema sa jednom od arterije srca. To se radi sa malom kamerom fiksiranom na maloj cevi. Rezultat je bio zaista nevjerovatan.

Doktor je rekao: „Nisam nikada vidio u ovoj prostoriji tako zdravo srce."

Uzbuđenje je strujalo kroz čitavo moje tijelo, zato što sam osjetila ruke Boga kada sam čula doktorove riječi. Od tada, odlučila sam da živim drugačijim životom. Željela sam da doprem do tinejdžera, zapostavljenih i do svakoga kome je bilo potrebno jevanđelje.

I Bog je učinio da se moj san ostvari. Moj suprug i ja smo počeli u Londonu u Manmin centralnoj crkvi kao misionari i mi smo porpovhedali o živom Bogu.

Odlomak iz Izvanredne stvari

Poglavlje 5 Pokornost

> Povinovati se Riječi Božjoj sa „Da" i „Amin" je prečica u doživljavanju djela Božjih.

Potpuna Isusova pokornost

Isus se povinovao pravdi prvog neba

Ljudi koji su iskusili djela Božja kroz pokornost

Pokornost je dokaz vjere

Manmin centralna crkva preuzima vodstvo u svjetskoj evangelizaciji u pokornosti

*„Ponizio Sam Sebe postavši poslušan do same smrti,
a smrti krstove."*

(Poslanica Filipljanima 2:8)

Biblija prikazuje mnogo slučaja gdje su nemoguće stvari bile moguće od Svemogućeg Boga. Postojala su takva čuda kao što su zaustavljanje sunca i mjeseca i razdvajanje mora da bi ljudi mogli da pređu po suvoj zemlji. Takve stvari ne mogu da se dogode u skladu sa pravdom prvog neba, već su moguće u skladu sa pravdom trećeg neba ili iznad.

Kako bi mi iskusili takva djela Božja mi moramo da ispunime uslove. Postoji nekoliko uslova koje moramo da ispunimo a među njima, pokornost je veoma važna. Povinovati se Riječju Svemogućeg Boga sa „Da" ili „Amin," je prečica u doživljavanju djela Božjih.

1. Samuelova Poslanica 15:22 kaže: „Ali Samuilo reče: „Zar su mile GOSPODU žrtve paljenice i prinosi kao kad se sluša glas NJEGOV? Gle, poslušnost je bolja od žrtve i pokornost od pretiline ovnujske."

Potpuna Isusova pokornost

Isus se povinovao volji Božjoj sve dok nije bio razapet da bi spasio čovječanstvo koji su bili griješnici. Mi možemo da budemo spašeni sa vjerom kroz ovo povinovanje Isusovo. Da bi mi razumijeli kako možemo da budemo spašeni sa našomn vjerom u Isusa, mi najprije treba da na prvom mjestu razmotrimo kako je čovječanstvo krenulo na put smrti.

Prije nego što je postao griješnik, Adam je mogao da uživa u vječnom životu u Edemskom vrtu. Ali pošto je zgriješio kada je jeo sa drveta koje je Bog zabranio, u skladu sa duhovnim kraljevstvom koje kaže: „plata za grijeh je smrt" (Poslanica Rimljanima 6.23), on je morao da umre i da padne u Pakao.

Ali znajući da se Adam neće pokoriti, čak i prije vremena, Bog je pripremio Isusa Hrista. Bilo je to da se vrata spasenja otvore u pravdi Božjoj. Isus, pošto je bio Riječ koja je postala meso, rođen je na ovoj zemlji u ljudskom tijelu.

Zato što je Bog dao proročanstvo o Spasitelju, Mesiji, neprijatelj đavo i Sotona su takođe znali o Spasitelju. Đavo je uvijek tražio priliku da ubije Spasitelja. Kada su tri mudraca rekli da se Isus rodio, đavo je podstakao kralja Iroda da ubije svu mušku djecu ispod dvije godine.

Takođe, đavo je podsticao zle ljude da razapnu Isusa. Đavo je mislio da ako ubije Isusa koji je došao na ovu zemlju da postane Spasitelj, onda će on povesti sve grješnike u Pakao i imaće ih zauvijek pod njegovom kontrolom.

Pošto Isus nije imao niti prvobitan grijeh niti samopočinjeni grijeh, On nije bio predmet koji treba da bude stavljen u smrt u skladu sa pravdom koja kaže da je plata za greh smrt. Bez obzira na to, đavo je bio vođa u ubijanju Isusa i time je prekršio zakon pravde.

Kao rezultat, bezgrješan Isus prevazišao je smrt i vaskrsao je. I sada, svako ko vjeruje u Isusa Hrista može da bude spašen i može da stekne vječni život. Na početku, u skladu sa zakonom pravde koji govori da je plata za grijeh smrt, Adam i njegovi potomci bili su osuđeni da idu na put smrti, ali kasnije, put spasenja je bio otvoren kroz Isusa Hrista. Ovo je „skrivena misterija prije vremena" u 1. Poslanici Korinćanima 2:7.

Isus nikada nije mislio: „Zašto Ja treba da budem ubijen čak iako nemam ni jedan grijeh?" On je samovoljno uzeo krst da bi bio razapet u skladi sa proviđenjem Božjim. Bila je to temeljna i potpuna pokornost Isusa koji je otvorio put za naše spasenje.

Isus se povinovao pravdi prvog neba

Za vrijeme Njegovog života na ovoj zemlji, Isus se povinovao temeljno Božjoj volji i živio je u skladu sa zakonom pravde prvog neba. Iako je On bio po prirodi Bog, On je obukao ljudsko tijelo i iskusio je glad, žeđ, bol, tugu i samoću kao čovjek. Prije nego što je On započeo Njegovu službu, On je postio 40 dana. I iako je on Gospodar svih stvari, On je revnosno uzvikivao i molitvi i stalno se molio. On je bio testiran od stane đavola kroz 40 dana posta i On je otjerao đavola sa Riječju Božjom, a da nije bio iskušan ili pokoleban.

Takođe, Isus je imao moć Boga tako da je On mogao da manifestuje bilo koju vrstu čuda i nevjerovatne stvari. A ipak, On je pokazao takva čuda samo kada je bila potreba za njima u skladu sa proviđenjem Božjim. On je pokazao moć Sina Božjeg sa takvim događajima kao što su pretvaranje vina u vodu i hranjenje 5000 ljudi sa pet hljeba i dvije ribe.

Da je poželio, On je mogao da uništi one koji su mu se podsmijevali i koji su Njega razapeli. Ali, On je u tišini prihvatio progon i prezir i u pokornosti, On je bio razapet. On je osjetio svu patnju i bolove kao čovjek i prolio je Njegovu krv i vodu.

Poslanica Jevrejima 5:8-9 kaže: „Iako i bješe Sin Božji, ali od onog što postrada nauči se poslušanju. I svršivši sve, postade svima koji Ga poslušaše uzrok spasenja vječnog."

Zato što je Isus ispunio zakon pravde kroz Njegovu potpunu pokornost, svako ko prihvati Gospoda Isusa i živi u istini može da postane sluga pravednosti i dostigne spasenje a da ne ide ka putu smrti kao sluge greijha (Poslanica Rimljanima 6:16).

Ljudi koji su iskusili djela Božja kroz pokornost

Iako je On Sin Božji, Isus je ispunio proviđenje Božje zato što se u potpunosti povinovao. Onda, koliko još mi moramo obična bića da se u potpunosti povinujemo da bi iskusili djela Božja? Potrebno je potpuno povinovanje.

U Jevanđelju po Jovanu u poglavlju 2, Isus je izveo čudo pretvarajući vino u vodu. Kada su nestali bez vina na proslavi, djevica Marija je izričito rekla da čine ono što im Isus kaže da učine. Isus je rekao slugama da „napune sudove sa vodom i da ih odnesu kumu." Kada je kum probao vodu, od vode je već bilo napravljeno dobro vino.

Da se sluge nisu povinovale Isusu koji im je rekao da odnesu vodu kumu, oni ne bi mogli da iskuse čudo vina Poznavajući veoma dobro zakon povinovanja i pravdu, djevica Marija je tražila da sluge budu sigurne i da se Njemu povinuju.

Takođe možemo razmotriti i Petrovo povinovanje. Petar nije uhvatio ni jednu ribu cijelu noć. Ali kada je Isus zapovjedio: „Hajde na dubinu, i bacite mreže svoje te lovite," Petar se povinovao rekavši: „Učitelju, svu noć smo se trudili, i ništa ne uhvatismo, ali po Tvojoj riječi baciću mrežu." Onda, oni su bili ograđeni velikom količinom ribe i njihove mreže počele su da pucaju (Jevanđelje po Luki 5:4-6).

Zato što je Isus, koji je jedan sa Bogom Stvoriteljem, progovorio prvobitnim glasom, veliki broj ribe se povinovao Njegovoj zapovjesti i odmah su ušle u mrežu. Ali, da se Petar nije povinovao Isusovoj zapovjesti, šta bi se dogodilo? Da je on rekao: „Gospodine, ja znam više o hvatanju riba od tebe. Mi smo pokušavali da uhvatimo ribu cijelu noć i veoma smo umorni. Za danas je dosta. Biće zaista zamorno da zabacimo duboko i na dno mrežu" onda, ni jedno čudo se ne bi dogodilo.

Udovica u Serepti u 1. Knjizi Kraljevima u poglavlju 17, takođe je iskusila djela Boga kroz njenu pokornost. Poslije duge suše, njena hrana je ponestajala i ostala je samo šaka brašna i malo ulja. Jednog dana je Ilija došao kod nje i potražio je hranu, govoreći: „Jer ovako veli GOSPOD Bog Izrailjev: „Brašno se iz zdjele neće potrošiti niti će ulja u krčagu nestati dokle ne pusti GODPOD dažda na zemlju"" (1. Knjiga Kraljevima 17:14).

Udovica i njen sin bi čekali dan kada će umrijeti nakon što pojedu poslednju trunku hrane. Međutim, ona je vjerovala i povinovala se Riječi Božjoj koju joj je preneo Ilija. Ona je dala svu njenu hranu Iliji. Sada, Bog je izveo čudo ubog pokornosti žene kao što je obećao. Posuda sa brašnom se nije istrošila i ćup sa uljem nije presušio sve dok se ozbiljna suša nije završila. Udovica, njen sin i Ilija bili su spašeni.

Pokornost je dokaz vjere

Jevanđelje po Marku 9:23 kaže: „ A Isus reče mu: „Ako možeš vjerovati?" Sve je moguće onome koji vjeruje.""

Ovo je zakon pravde koji govori da ako mi vjerujemo, onda mi možemo da iskusimo djela svemogućeg Boga. Ako se mi molimo sa vjerom, onda će bolesti nestati i ako zapovjedamo sa vjerom, onda će demoni izaći i sve vrste nevolja i iskušenja će nestati. Ako se molimo sa vjerom, mi možemo da primimo blagoslov finansijski. Sve stvari su moguće sa vjerom!

Djela pokornosti su ta koja svjedoče da mi imamo vjeru da primimo odgovore u skladu sa zakonom pravde. Jakovljeva Poslanica 2:22 kaže: „Vidiš li da vjera pomože djelima njegovim, i kroz djela svrši se vjera." Jakovljeva Poslanica 2:26 govori: „Jer, kao što je tijelo bez duha mrtvo, tako je i vjera bez dobrih djela mrtva."

Ilija je tražio od udovice Sereptu da iznese za njega poslednju hranu koju ima. Da je ona rekla: „Ja vjerujem da si ti Božji čovjek i ja vjerujem da će me Bog blagosloviti i moja hrana nikada neće nestati," a da se nije povinovala, onda ona ne bi iskusila ni jedno djelo Božje. To je zato što njena djela ne bi pokazala dokaz njene vjere.

Ali udovica je vjerovala Ilijinim riječima. Kao dokaz njene vjere, ona mu je iznjela poslednju hranu iz doma i povinovala se njegovim riječima. Ovo djelo pokornosti svjedoči o njenoj vjeri i čudo se dogodilo u skladu sa zakonom pravde, koje govori da su sve stvari moguće onom ko vjeruje.

Da bi ostvarili vizije i snove date od Boga, naša vjera i pokoronost su veoma važne. Patrijarsi kao što su Avram, Jakov i Josif usadili su Riječ Božju u njihovim mislima i povinovali su se.

Kada je Josif bio mlad, Bog mu je dao san da će postati častan čovjek. Josif nije samo vjerovao u san već ga se prisećao stalno i nije promijenio misli sve dok san nije ostvario. On je tražio djela Božja u svim prilikama i pratio je Božje vođenje.

Pošto je bio rob i zatvorenik 13. godina, on nije sumnjao u san koji mu je Bog dao, iako je stvarnost izgledala totalno drugačije od njegovog sna. On je samo hodao pravim putem povinujući se zapovjestima Božjim. Bog je vidio ovu vjeru i pokornost i ispunio je njegov san. Sva iskušenja su došla do kraja i u 30-oj godini on je postao drugi najmoćniji čovjek u cijelom Egiptu uz samog Faraona, kralja.

Manmin centralna crkva preuzima vođstvo u svjetskoj evangelizaciji u pokornosti

Danas Manmin centralna crkva ima više od hiljadu ogranka/ asocijativnih crkava širom svijeta i propovjeda jevanđelje u svakom uglu svijeta putem Internet službe, TV satelita i drugih medija. Crkva je pokazala djela pokornosti u skladu sa zakonom pravde od početka svih ovih službi pa sve do danas.

Od trenutka kada sam ja sreo Boga, sve moje bolesti su bile iscjeljene i moj san je bio da postanem prikladan vođa u Božjim očima koji će slaviti Boga i pomoći mnogim ljudima. Ali jednog dana Bog me je pozvao za Njegovog slugu, rekavši: „Ja sam te odabrao za slugu prije vremena." I On je rekao ako sebe obskrbim sa Riječju Božjom za tri godine, moći ću da pređem okeane, rijeke i planine i izvodiću čudesna čuda i znakove gdje god da pođem.

U stvarnosti, ja samo još relativno bio novi vjernik. Bio sam povučen i siromašan u govoru pred masom ljudi. Međutim, ja sam se povinovao bez ikakvog izgovora i postao sam sluga Božji. Dao sam najbolje od sebe da bih hodao u skladu sa Riječju Božjom u 66 knjiga Biblije i molio sam se sa postom i pod vođstvom Svetog Duha. Ja sam se povinovao na način na koji je Bog zapovjedio.

Kada sam vodio prekomorske pohode ogromnih razmjera, ja nisam planirao niti sam se pripremao za njih na svoj način, već sam se samo povinovao zapovjesti Božjoj. Ja sam samo odlazio tamo gdje mi je Bog zapovjedio da idem. Za ogromne pohode, obično su trebale godine za pripremu, ali ako je Bog zapovjedio, mi smo se pripremali za njih samo nekoliko mjeseci.

Čak iako nismo imali dovoljno novca za tako velike pohode, kad smo se molili, Bog bi ispunio naše finansije svaki put. Ponekad mi je Bog zapovjedio da idem u takve zemlje gdje propovjedanje jevanđelja u stvari nije bilo moguće.

U 2002. godini, dok smo se pripremali za pohod u Keniju, Indiju, vlada Tamil Nadu je izdala novu uredbu o zabrani prisilnog preobraćanja. Naredba je glasila da ni jedna osoba ne smije da se preobrati ili da ima namjeru da preobrati drugu osobu iz jedne religije u drugu upotrebom sile ili pomamom ili na bilo koji drugi lažan način. Kršenje ove naredbe moglo je dovesti do pritvora od pet godina ili novčanu kaznu, ako je probraćenik „pripadnik manjine, žena ili osoba koja pripada određenom staležu ili određenom plemenu" Kazna od jednog Indijskog lakja je 100.000 ruplji što vrijedi dvije hiljade radnih dana od plate.

Naš pohod na plaži Marina pogodio je ne samo Indijske hršćane već takođe i mnoge Hinduse koji su činili više od 80% populacije.

Uredba o zabrani prisilnog preobraćenja prebala je da bude usvojena prvog dana početka našeg pohoda. Tako da, već sam se osjećao spremnim za zatvor dok sam propovjedao jevanđelje na pozornici pohoda. Neki ljudi su rekli da će policija Tamil Nadu doći i posmatrati naš pohod da bi snimili moje porpovjedanje.

U ovoj opasnoj situaciji, Indijski ministri i organizatori komiteta su se osjećali stegnuto i napeto. Ali ja sam imao hrabrost i povinovao sam se Bogu zato što je tako Bog zapovjedio. Ja se nisam plašio hapšenja niti toga da ću otići u zatvor, hrabro sam prorokovao Boga Stvoritelja i Spasitelja Isusa Hrista.

Onda je Bog upravljao nevjerovatnim stvarima. Dok sam propovjedao, govorio sa: „Ako ste došli da imate vjeru u vašim srcima, ustanite i hodajte." U tom momentu, dječak je ustao i počeo je da hoda. Dječaku, prije nego što je prisustvovao pohodu, presijekli su za vrijeme operacije zglob koji povezuje karlicu i kuk i imao je dvije metalne ploče koje su to povezivale. On je patio od velikih bolova poslije operacije i nije mogao da zakorači ni korak bez štaka. Ali, kada sam ja zapovjedio: „Ustani i hodaj," on je odmah odbacio štake i počeo je da hoda.

Toga dana, pored ovog čuda mladog dječaka, mnoga nevjerovatna moćna djela Božja su se dogodila. Slijepi su progledali, gluvi čuli i mutavi progovorili. Oni su ustali iz njihovih kolica i bacali su njihove štake. Vijesti su se brzo proširile do grada i mnogi ljudi su se okupili sledećeg dana.

Ukupno je tri miliona ljudi prisustvovalo službama i na još veće iznenađenje, više od 60% prisutnih su bili Hindusi. Oni su imali Hindu oznake na njihovim čelima. Nakon što su slušali poruku i bili svjedoci Božjim moćnim djelima, oni su skidali oznake i odlučno su se preobratili hrišćanstvu.

Pohod je doveo do ujedinjenja lokalnih hrišćana i na kraju uredba protiv prisilnog preobraćenja je ukinuta. Takva predivna djela su bila učinjena kroz pokornost prema Riječi Božjoj. Sada, da bi iskusili takva nevjerovatna Božja djela, čemu mi naročito treba da se povinujemo?

Prvo, mi treba da se povinujemo 66 knjiga Biblije.

Mi ne treba da se povinujemo Riječi Božjoj samo kada se pred nama pojavi Bog i kaže nam da uradimo nešto. Mi moramo da se povinujemo riječima koje su zapisane u 66 knjiga Biblije sve vrijeme. Mi treba da razumijemo volju Boga i njoj se povinujemo kroz Bibliju, a onda mi možemo da se povinujemo porukama koje su propovjedane u crkvi. Naime, riječi koje nam govore da činimo, da ne činimo, da održavamo ili da odbacimo određene stvari su pravila pravde Božje i prema tome mi treba da se povinujemo.

Na primjer, vi slušate da treba da se pokajete od vaših grijehova sa suzama i slinavim nosem. Zakon je taj koji nam govori da mi možemo da dobijemo odgovore od Boga samo nakon što uništimo zid grijeha koji stoji između Boga i nas (Isaija 59:1-2). Takođe, vi slušate da treba da uzvikujete u molitvi. To je metoda molitve koja nam, donosi odgovore u skladu sa zakonom koji nas usmjerava da jedemo plodove našeg znoja i truda (Jevanđelje po Luki 22:44).

Da bi se sreli sa Bogom i primili Njegove odgovore, mi najprije treba da se pokajemo od naših grijehova i uzvikujemo u našoj molitvi tražeći od Boga ono što nam je potrebno. Ako neko uništi njegov zid grijeha, moli se iz sve snage i pokazuje njegova djela vjere, on može da se sretne sa Bogom i primi odgovore. Ovo je zakon pravde.

Drugo, mi treba da vjerujemo i da se povinujemo riječima sluge Božje sa kojim je Bog.

Odmah nakon otvaranja crkve, pacijent sa kancerom doveden je na nosilima da bi prisustvovao službi bogosluženja. Ja sam mu rekao da sjedne i da prisustvuje službi. Njegova supruga ga je pridržavala otpozadi i on je jedva mogao da sjedi za vrijeme službe bogosluženja. Zar nisam znao da je njemu veoma teško da sjedi pošto je bio veoma bolestan i morao je da bude donešen na nosilima? Ali ja sam mu dao savjet uz inspiraciju Svetog Duha i on se povinovao. Vidjevši njegovo povinovanje, Bog jedmah njemu dodjelio božansko iscjeljenje. Naime, svi njegovi bolovi su nestali i on je mogao da stoji i sam hoda.

Baš kao što se udovica Sareptu povinovala riječima Ilije vjerujući čovjeku Božjem, ta ljudska pokornost postala je način da se dobije Božji odgovor za njega. On ne bi mogao da buide iscjeljen sa njegovom sopstvenom vjerom. Ali on je iskusio moć iscjeljenja Božjeg zato što se povinovao riječju čovjeka Božjeg koji je izvodio Božju moć.

Treće, mi moramo da se povinujemo djelima Svetog Duha.

Sledeće, kako bi primili odgovore od Boga, mi konstantno treba da pratimo dat glas Svetog Duha dok smo se molili i slušali propovedi. Ovo je zato što Sveti Duh koji boravi u nama, nas vodi ka putu blagoslova i odgovora u skladu sa zakonom pravde.

Na primjer, za vrijeme propovedi, ako nam Sveti Duh naredi da se molimo još više posle službe, vi samo možete da se povinujete. Ako se povinujete, vi ćete moći da se pokajete od vaših grijehova kojima nije bilo oprošteno dugo vrijemena ili da primite dar jezika u milosti Božjoj. Ponekad, neki blagoslovi dolaze za vrijeme vaših molitvi.

Kada sam ja bio novi vjernik, ja sam morao da radim teške građavinske poslove da bi sastavio kraj sa krajem. Hodao sam do kuće sa umornim tijelom da bi sačuvao novac od karte za autobus. Ali kada bi Sveti Duh dotakao moje srce da dam određenu vrstu ponuda za izgradnju crkve ili ponudu zahvalnosti, ja bi se samo povinovao. Ja sam davao a da nisam koristio sopstvene misli. Kad ne bi imao novac, ja bi se pozajmio do određenog dana da bi dao Bogu. I našao bi novac svim svojim snagama do doređenog datuma i dao bi ga Bogu. Kako sam se ja povinovao, Bog me je blagoslovio sve više i više sa stvarima koje je On pripremio.

Bog vidi našu pokornost i otvara vrata odgovora i blagoslova. Za mene lično, On mi je dao različite odgovore male ili velike za sve što sam tražio i ne samo finansijske stvari. On mi je davao sve što sam tražio kada sam se Njemu povinovao sa vjerom.

2. Poslanica Korinćanima 1:19-20 govori: „Jer Sin Božji Isus Hristos, kog mi vama pripovjedasmo ja i Silvan i Timotije, ne bi da i ne, nego u Njemu bi da. Jer koliko je obećanja Božjih, u Njemu su da, i u Njemu amin, Bogu na slavu kroz nas."

Kako bi mi mogli da iskusimo djela Božja u skladu sa zakonom pravde, mi moramo da pokažemo djela vjere kroz našu pokornost. Baš kao što je Isus postavio primjer, ako se mi samo povinujemo u odnosu na naše okolnosti ili uslove, onda će se Božja djela uveliko otvarati pred nama. Ja se nadam da ćete se vi povinovati Riječi Božjoj samo sa „Da" ili „Amin" i da ćete iskusiti djela Božja u vašim svakodnevnim životima.

Dr. Pol Ravindran Ponraj (Paul RavindranPonraj (Šenaj, India))
- Starješina doma, Kardiotorakalna hirurgija u Opštoj bolnici Sautempton, Velika Britanija
- Sekretar Kardiotorakalne hirurgije bolnice Sv. Đorđe, London, Velika Britanija
- Viši sekretar Kardiotorakalne hirurgije ,bolnica HAREFILD, Midlseks, Velika Britanija
- Kardiotorakalni hirurg, bolnica Vilingdon, Šenaj

Moć Božja izvan medicine

Ja sam koristio miropomazanu maramicu na mnogim bolesnim pacijentima i vidio sam njihov oporavak. Uvijek sam držao maramicu u svom džepu dok sam bio u operacionoj sali. Želio bih da vam ispričam čudo koje se dogodilo 2005. godine.

Mlad čovjek u 42. godini, po profesiji građevinac iz jednog od gradova u Tamil Nadu države, došao je kod mene sa bolešću koronarnih arterija i trebao je da uradi se podvrgne operaciji premošćivanja koronarnih arterija. Ja sam ga pripremio za operaciju i ona je počela. Bilo je to veoma jednostavna dvostruka bajpas operacija sa graftom (pumpa isključena) koja je izvedena sa otkucajima srca. Operacija je bila završena za dva i po sata.

Kada su počeli da zatvaraju grudni koš, on je postao nestabilan sa abnormalnim EKG-om i padom krvnog pritiska. Ja sam ponovo otvorio njegov grudni koš i video sam da je bajpas operacija sa graftom bila odlična. On je bio prebačen u salu za kateterizaciju u

cilju provjere angiograma. Otkrili su da su svi njegovi krvni sudovi u srcu i veliki krvni sudovi u nozi bili u spazmu bez protoka krvi. Razlog ovome nismo mogli da utvrdimo čak ni danas.
Nije postojala nada za ovog mladog čovjeka. On je bio uveden u operacionu salu sa unutrašnjom masažom srca i njegov grudni koš je opet bio otvoren i masiranje srca je bilo direktno i trajalo je više od 20 minuta. On je bio prikačen za aparat za održavanje rada srca i pluća.
Različiti vazodilatatorni lekovi su mu dati da bi se opustio spazam ali nije bilo odgovora. On je održavao srednji krvni pritisak na pumpi od 25 do 35 mmHg više od 7 sati i ja sam bio svestan da su protok krvi i kiseonika pod tim pritiskom biti nedovoljni da bi funkcionisao njegov mozak.
Posle 18 sati borbe i 7 sati priključenog srca na pumpu bez pozitivnog odgovora, mi smo odlučili da zatvorimo grudni koš i da pacijenta proglasimo mrtvim. Ja sam pao na kolena i molio sam se. Rekao sam: „Bože, ako je ovo ono što Ti želiš, neka tako i bude." Ja sam započeo operaciju sa molitvom i već sam imao miropomazanu maramicu koju mi je dao dr. Džerok Li u svom džepu i podsjetio sam se onoga što je rečeno u Djelima Apostolskim 19:12. Ustao sam posle molitve i ušao

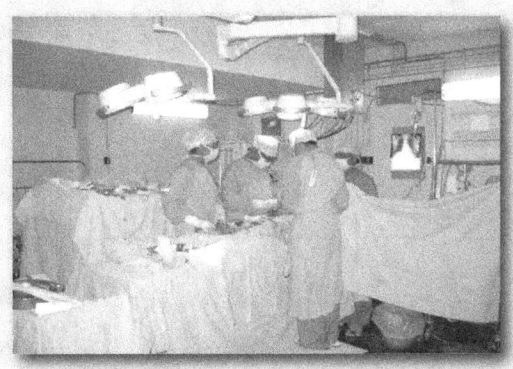

Dr. Pol Ponraj koji je izvdio operaciju (sredina)

u operacionu salu kako je grudni koš bio zatvoren prije proglašenja pacijenta mrtvim.

Iznenadna promjena se dogodila i pacijent je postao sasvim normalan. ECG je bio u potpunosti normalan. Cjelokupana ekipa je bila u šoku i jedan od članova ekipe, nevjernik rekao je da Bog u koga sam ja vjerovao, mene je poštovao. Da, istina je da kada hodate u vjeri vi ćete biti u sredini čuda i na kraju katastrofa. Ovaj mlad čovjek je izašao iz bolnice bez neurološkog nedostatka osim što je imao malo otoka na njegovoj desnoj nozi. On je svjedočio u molitvenoj odaji da će činiti Božja djela jer je dobio drugi život.

Odlomak iz Izvanredne stvari

# Poglavlje 6 Vjera

> Ako mi imamo potpunu sigurnost u vjeri,
> mi možemo izvoditi moć Božju
> čak i ispred naizgled nemogućih situacija.

Iskreno srce i potpuna sigurnost u vjeri

Odnos između vjere i iskrenosti

Tražite u potpounoj sigurnosti u vjeri

Avram sa iskrenim srcem u potpunoj sigurnosti u vjeri

Kultivisanje iskrenog srca i poptuna sigurnost u vjeri

Test vjere

Pohod u Pakistanu

„...da pristupamo s istinim srcem u punoj vjeri, očišćeni u srcima od zle savjesti, i umiveni po tijelu vodom čistom."

(Poslanica Jevrejima 10:22).

Ljudi dobijaju odgovore od Boga u različitim mjerama. Neki primaju odgovor kada se samo jednom pomole ili samo kada to u srcima požele, dok drugi moraju da ponude nekoliko dana u molitvama i postu. Za neke ljude, oni izvode znakove, kontrolišu moć tame i iscjeljuju bolesne kroz molitvu sa vjerom (Jevanđelje po Marku 16:17-18). Suprotno tome, neki ljudi govore da se mole sa vjerom, ali ne postoje znakovi niti čuda koji se dešavaju kroz njihove molitve.

Ako neko pati zbog bolesti čak iako je on vjernik u Boga i moli se, on mora najprije da razmisli o svojoj vjeri. Riječi iz Biblije su istina i nikada se ne mijenjaju, prema tome, svako ko ima vjeru koja može biti prepoznata od strane Boga, može da dobije sve što potraži. Isus nam je obećao u Jevanđelju po Mateju 21:22: „I sve što uzištete u molitvi vjerujući, dobićete." Sada, koji je razlog zašto ljudi dobijaju odgovore od Boga u različitim mjerama?

Iskreno srce i potpuna sigurnost u vjeri

Poslanica Jevrejima 10:22 kaže: „... ...da pristupamo s istinim srcem u punoj vjeri, očišćeni u srcima od zle savjesti, i umiveni po tijelu vodom čistom." Iskreno srce ovdje stoji za pravo srce koje u sebi nema laži. To je srce koje liči na srce Isusa Hrista.

Jednostavno rečeno, potpuna sigurnost u vjeru je savršena vjera. To je vjerovanje u reči 66 knjiga Biblije bez ikakve sumnje i pridržavanje svih zapovjesti Božjih. Do te mjere gdje mi posjedujemo iskreno srce mi možemo da imamo savršenu vjeru. Priznanje onih koji su ispunili iskreno srce je iskreno priznanje vjere. Bog brzo odgovara ovim ljudima.

Mnogi ljudi priznaju njihovu vjeru pred Bogom, ali iskrenost u njihovim priznanjima je svakako različita. Postoje ljudi čija su priznanja vjere 100% tačna zato što je njihovo srce 100% iskreno, dok postoje drugi ljudi čija su priznanja vjere samo 50% tačna zato što je njihovo srce samo 50% iskreno. Ako je nečije srce samo 50% iskreno, Bog će reći: „Samo si mi do pola vjerovao." Iskrenost sdržana u nečijem priznanju vjere je mjera vjere pojedinca koja je prepoznata od strane Boga.

Odnos između vjere i iskrenosti

U našim odnosima sa drugima, mi govorimo da mi vjerujemo drugim osobama a prava mera do koje mi vjerujemo toj osobi može biti prilično različita. Na primjer, kada majke izlaze napolje i ostavljaju malu djecu u kući, šta ne govore? One će možda reći: „Treba da se pazite i da ostanete unutra. Djeco, ja vam vjerujem." Sada, da li majke zaista vjeruju djeci?

Ako majka zaista vjeruje svom djetetu, ona neće reći: „Ja ti vjerujem." Ona može da kaže: „Ja ću se uskoro vratiti." Ali ona dodaje malo više kada njeno dijete nije vrijedno povjerenja. Ona će možda reći: „Tek što sam počistila kuću, neka kuća tako i ostane. Ne diraj moju kozmetiku i ne pali šporet na plin." Ona ponavlja svaku riječ iako joj nije prijatno i prije nego što izlazi ona govori djetetu: „Ja ti vjerujem, zato poslušaj moje riječi..."

Ako je količina povjerenja još manja, čak i nakon što kaže svom djetetu šta da radi, ona će možda pozvati telefonom kuću da bi provjerila šta dijete radi. Pitaće: „Šta sada radiš? Jel sve u redu?" i pokušaće da otkrije šta njeno dijete radi. Ona je rekla da vjeruje svom djetetu ali u njenom srcu ona ne može u potpunosti da vjeruje. Mjera roditeljskog povjerenja u njihovu djecu se svakako razlikuje.

Vi možete vjerovati nekoj djeci više od druge djece u skladu sa tim koliko su iskreni i vrijedni povjerenja. Ako oni slušaju svoje reoditelje sve vrijeme, njihovi roditelji mogu da im vjeruju 100%. Kada ovi roditelji kažu: „Ja ti vjerujem," ovo je zaista istina.

Tražite u potpounoj sigurnosti u vjeri

Sada, ako dijete kome roditelji vjeruju 100% potraži nešto, roditelji će možda dati djetetu ono što potraži. Oni ne mora da ga pitaju: „A šta ćeš sa tim uraditi?" „Da li zaista sada to treba?" i tako dalje. Oni će moći da mu daju šta poželi u potpunom vjerovanju, misleći: „On to traži zato što mu je to definitivno potrebno. On neće potrošiti ništa."

Ali ako roditelji nemaju potpunu mjeru povjerenja, oni će pristati samo kada shvate prikladan razlog za zahtev njihovog djeteta. Što manje povjerenja imaju, oni manje mogu da vjeruju u ono što njihovo dijete govori i oni se uzdržavaju da udovolje djetetu u onome što traži. Ako dijete nastavlja da traži i traži, roditelji će mu ponekad dati, ne zato što mu vjeruju već samo zato što im dijete to toliko želi.

Ovaj princip funkcioniše na isti način između Boga i nas. Da li imate iskreno srce gdje će Bog prepoznati vašu vjeru 100% govoreći: „Moj sine, moja kćeri, vjeruješ li meni u potpunoj sigurnosti?"

Mi ne treba da budemo oni koji primaju od Boga samo zato što smo tražili toliko mnogo i danju i noću. Mi treba da budemo u mogućnosti da primimo šta god da smo potražili dok hodamo u istini u svim stvarima, i da nemamo ništa za šta možemo biti optuživani (1. Jovanova Poslanica 3:21-22).

Avram sa iskrenim srcem u potpunoj sigurnosti u vjeri

Razlog zbog kojega je Avram mogao da postane otac vjere je zato što je on imao iskreno srce i potpunu sigurnost u vjeru. Avram je vjerovao u Božje obećanje i nikada nije sumnjao u bilo kojoj situaciji.

Bog je obećao Avramu, kada je imao 75. godina da će velika nacija biti formirana kroz njega. Ali u sledećih 20. godina od toga vremena, oni nije dobio ni jedno dijete. Kada je on imao 99 godina a njegova supruga Sara 89, kada su bili previše stari da bi imali dijete, Bog im je rekao da će nakon godinu dana imati dijete. Poslanica Rimljanima 4:19-22 objašnjava situaciju.

Ona kaže: „I ne oslabivši vjerom ne pogleda ni na svoje već umoreno tijelo, jer mu bješe negdje oko sto godina, ni na mrtvost Sarine materice; i za obećanje Božje ne posumnja se nevjerovanjem, nego ojača u vjeri, i dade slavu Bogu, i znaše jamačno da šta obeća kadar je i da učini. Zato se i primi njemu u pravdu."

Iako je to bilo nešto nemoguće sa ljudskim sposobnostima, Avram nikada nije sumnjao već je u potpunosti vjerovao u obećanje Boga, a Bog je prepoznao Avramovu vjeru. Bog mu je dozvolio da ima sina Isaka, sledeće godine, kao što je On obećao.

Ali da bi Avram postao otac vjere, ostao je još jedan test. Avram je imao Isaka u godini 100 i Isak je dobro odgajan. Avram je volio sina veoma mnogo. U ovo vrijeme, Bog je zapovjedio Avramu da ponudi Isaka kao žrtvu paljenicu na način kao što je prinostio krave ili jagnjad kao žrtve paljenice. Za vrijeme Starog Zavjeta oni su drali kožu, sijekli životinje na djelove a onda su ih prinosili kao žrtve paljenice.

Poslanica Jevrejima 11:17-19 će objasniti kako je Avram činio do ovog trenutka: „Vjerom privede Avraam Isaka kad bi kušan, i jedinorodnoga prinošaše, pošto bješe primio obećanje, u kome bješe kazano: "U Isaku nazvaće ti se sjeme." Pomislivši da je Bog kadar i iz mrtvih vaskrsnuti, zato ga i uze za priliku" (Poslanica Jevrejima 11:17-19, Standardna Engleska verzija).

Avram je zavezao Isaka na oltaru i samo što se spremio da ga isječe sa nožem. U trenutku, anđeo Božji se pojavio i rekao: „Ne diži ruku svoju na djete, i ne čini mu ništa; jer sada poznah da se bojiš Boga, kad nisi požalio sina svog, jedinca svog, Mene radi" (Postanak 22:12). Kroz ovaj test, Avramova savršena vjera bila je prepoznata od Boga i on je dokazao da je kvalifikovan da postane Otac vjere.

Kultivisanje iskrenog srca i potpuna sigurnost u vjeru

Jednom sam se nalazio u situaciji kada nisam imao ni malo nade i samo sam čekao smrt. Ali moja sestra me je odvela u crkvu i samo kada sa kleknuo u hramu Božjem bio sam iscjeljen od svih mojih bolesti uz moć Božju. Bio je to odgovor na sestrine molitve i post za mene.

Pošto sam od Boga primio ogromnu ljubav i milost, ja sam poželio da o Njemu saznam što više. Ja sam prisustvovao u mnogim službama preporoda na vrhu svih službi bogosluženja i naučio sam Riječ Božju. Iako sam radio fizički naporan građevinski posao, ja sam prisustvovao molitvenim službama u zoru svakog jutra. Ja sam samo želio da čujem Riječ Božju i naučim Njegovu volju na najbolji način koji sam mogao. Kada je pastor učio o volji Božjoj, ja sam se samo povinovao. Ja sam čuo da nije ispravno da dijete Božje puši i konzumira alkohol, tako da sam odmah prestao sa pušenjem i alkoholom. Pošto sam čuo da Bogu treba da prinesemo naše desetke i ponude, ja nikada nisam propustio da ih dam Bogu sve do današnjeg dana.

Kako sam čitao Bibliju, ja sam činio ono što mi je Bog rekao da činim i održavao ono što mi je Bog rekao da održavam. Ja nisam činio ono što je Biblija govorila da ne činim. Ja sam se molio i čak sam i postio da bi odbacio stvari koje nam Biblija govori da odbacimo. Nije bilo lako odbaciti ih, postio sam da bi to učinio. Bog je razmotrio moj napor i vratio mi Božjom milošću i dao mi je dragocjenu vjeru.

Moja vjera u Boga postajala je čvršća svakim danom. Nikada nisam sumnjao u Boga u bilo kojim testovima ili nevoljama. Kao rezultat povinovanja Božjoj Riječi, moje srce se promjenilo u iskreno srce koje nije imalo laž. Bila je to promjena u dobro i čisto srce koje je postalo nalik srcu Gospoda.

Kao što je rečeno u 1. Jovanovoj Poslanici 3:21: „Ljubazni, ako nam srce naše ne zazire, slobodu imamo pred Bogom;" ja sam tražio sve od Boga sa čvrstom vjerom i dobio sam odgovore.

Test vjere

U međuvremenu, u februaru 1983. godine, 7 mjeseci nakon otvaranja crkve, postojao je veliki test moje vjere. Moje tri ćerke i jedan mlad čovjek, bili su otrovani gasom ugljen-monoksidom jednog subotnjeg jutra. To je bilo odmah poslije službe bogosluženja petkom uveče. Nije izgledalo moguće da će da prežive zato što su udisali gas skoro cijelu noć.

Njihove očne jabučice se se okrenule i imali su penu na ustima. Njihova tijela nisu imala snagu i bili su malaksali. Rekao sam članovima crkve da ih polože na patos u hramu, otišao sam do oltara i ponudio sam Bogu molitvu zahvalnosti.

„Oče Bože, hvala Ti. Ti daješ i Ti si ih uzeo. Ja sam Ti zahvalan što si odnio moju kćer u naručje Gospoda. Ja sam Ti zahvalan Bože što si ih odveo u Tvoje kraljevstvo gdje nema suza, tuge i bola."

„Ali pošto mladić nije član crkve, ja tražim od Tebe da ga primiš. Ja ne želim da ovaj incident osramoti Tvoje ime..."

Nakon što sam se pomolio Bogu na ovaj način, ja sam se prvo pomolio za mladića a onda za moje tri ćereke. Onda, ne samo nekoliko minuta posle moje molitve, svo četvoro je ustalo čiste svjesti kako sam se i pomolio za njih.

Zato što sam u potpunosti vjerovao i volio Boga. ja sam ponudio Bogu molitvu zahvalnosti bez zadržavanja ikakvih primjedbi ili tuge u mom srcu, a Bog je bio dirnut ovom molitvom i pokazao nam je veliko čudo. Naši članovi mogli su da imaju još veću vjeru kroz ovaj incident. Moja vjera je takođe bila prepoznata od Boga još više i ja sam dobio veću Božju moć. Naime, ja sam naučio kako da otjeram otrovan gas, čak iako on nije živi organizam.

Kada postoji test vjere, ako mi pokažemo našu nepromjenljivu vjeru Bogu, Bog će prepoznati našu vjeru i nagradiće nas sa blagoslovima. Čak ni neprijatelj đavo i Sotona neće moći da nas optuže više zato što će takođe vidjeti da je naša vjera iskrena vjera.

Od tog momenta pa nadalje ja sam mogao da prevaziđem sva iskušenja, približavajući se uvijek blizu Boga sa iskrenim srcem i savršenom vjerom. Svaki put, ja sam dobijao veću moć odozgo. Uz moć Božju koja mi je data na ovaj način, Bog mi je dozvolio da održim prekomorske ujedinjene pohode sa početkom 2000. godine.

Dok sam ponudio 40-o dnevni post 1982. godine, prije nego što sam otvorio crkvu, Bog je to sa radošću prihvatio i dao mi je Svjetsku evangelizaciju i izgradnju velikog Hrama. Čak i poslije pet godina ili deset godina, nisam mogao da vidim način u ispunjavanju tih misija. Ipak, ja sam ipak vjerovao da će Bog njih ispuniti i za ove misije sam se stalno molio.

Tokom narednih 17. godina od otvaranja crkve, Bog nas je blagoslovio u ispunjavanju svjetske evangelizacije kroz ogromne prekomorske pohode gdje je moć Božja bila manifestvovana. Sa početkom u Ugandi, mi smo takođe imali ujedinjene pohode u Japanu, Keniji, Filipinima, Indiji, Dubaju, Rusiji, Njemačkoj, Peruu, Demokratskoj republici Kongo, Sjedinjenim Državama a čak i u Izraelu, gdje je propovjedanje jevanđelja gotovo bilo nemoguće. I tamo su se dogodila ogormna djela isceljenja. Mnogi ljudi su se preobratili iz Hinduizma i Islama. Mi smo dali ogromnu slavu Bogu.

Kada je došlo vrijeme, Bog nam je dozvolio da izdamo mnogo knjiga na različitim jezicima i da propovjedamo jevanđelje kroz ta izdanja. On je takođe dozvolio da utvrdimo hrišćanski TV kanal, nazvan Globalna hrišćanska mreža (GCN), i Mrežu svjetskih hrišćanskih ljekara (WCDN), sve u cilju širenja djela Božje moći manifestvovanih u našoj crkvi.

Pohod u Pakistanu

Bilo je mnogo prilika koje smo prevazišli sa vjerom u prekomorskim pohodima, ali ja bih želio da posebno pričam o Paksitanskom pohodu koji je bio održan u oktobru 2000. godine.

Jednog dana u vrijeme ujedinjenog pohoda, imali sm konferenciju ministara. Iako smo već doboli odobrenje od vlasti, konferencija je bila zatvorenog kruga kada smo tamo otišli ujutru. Većina populacije u Pakistanu su muslimani. Bilo je terorističkih pretnji protiv hrišćanske službe. Pošto su naše službe bile dobro objavljene putem medija, muslimani su pokušavali da naruše naš pohod.

Zbog toga je vlada iznenada promjenila svoju odluku, ukinula je dozvolu za korišćenje prostora i blokirala je ljude koji su dolazili da bi prisustvovali konferenciji. Međutim, ja se nisam uznemirio niti sam u svojim mislima bio iznenađen. Umjesto toga, kako je bilo moje srce dirnuto, ja sam rekao: „Konferencija će početi danas do podneva." Ja sam priznao moju vjeru dok su naoružani policajci blokirali kapije i gdje nije izgledalo da postoji prilika da će vladini zvaničnici promjeniti svoje mišljenje.

Bog je uveliko znao da će se stvari na ovakav način odvojati i pripremio je ministra kulture i sporta Pakistanske vlade koji će moći da riješi ovaj problem. On je zbog posla bio u Lahoru, i dok je išao ka aerodromu da bi se vratio u Islambad, on je čuo za situaciju i pozvao je odjeljenje policije i zvaničnike vlade, kako bi skup mogao da bude održan. On je čak i odložio njegov put i let kako bi došao da posjeti mjesto gdje se konferencija održavala.

Uz nevjerovatno djelo Božje, kapija je širom otvorena i mnogi ljudi su žurili sa uzbuđenjem i klicima radosti. Oni su grlili jedni druge i prolivali su suze zbog svojih emocija i radosti, davajući slavu Bogu. I bilo je to tačno u podne!

Sledećeg dana, na pohodu, velika djela Božja su manifestvovana u sredini velikog broja ljudi u hrišćanskoj istoriji Pakistana. Ona su takođe otvorila vrata za misionarska djela na Srednjem istoku. Od tada, mi smo dali slavu Bogu u mnogim zemljama u kojoj smo bili jer je pohod imao velike mase ljudi i najveća moćna djela Božja su tamo manifestvovana.

Baš kao što možemo i da otvorimo vrata zato što imamo „glavni ključ" ako mi imamo savršenu vjeru, mi možemo da iznesemo moć Božju ispred nemogućih situacija. Onda, svi naši problemi mogu u trenutku da budu rešeni.

Takođe, čak iako nesrećni slučajevi, prirodne katastrofe ili zarazne bolesti preovlađuju, mi možemo biti zaštićeni od Boga ako se samo približimo Bogu sa iskrenim srcem i savršenom vjerom. Takođe, čak iako ljudi u vlasti ili oni koji su zli oni pokušaju da vas obore sa spletkama, ako vi imate samo iskreno srce i savršenu vjeru, vi ćete moći da dajete slavu Bogu kao Danilo koji je bio zaštićen u lavljoj jazbini.

Prvi dio 2. Knjige Dnevnika 16:9 kaže: „Jer oči GOSPODNJE gledaju po svoj zemlji da bi pokazivao silu Svoju prema onima kojima je srce cijelo prema Njemu." Čak će se i djeca Božja suočiti sa mnogim vrstama malih ili velikih problema u njihovim životima. U tim vremenima, Bog očekuje da će se oni osloniti na Njega, i moliti sa savršenom vjerom.

Oni koji dođu pred Bogom sa iskrenim srcem i pokajaće se od njihovih grijehova iskreno kada su njihovi grijehovi otkriveni. Jednom kada je njihovim grijehovima oprošteno, oni će steći pouzdanje i moći će da odu bliže Bogu sa potpunom sigurnošću u vjeri (Poslanica Jevrejima 10:22). Ja se molim u ime Gopsoda da ćete vi razumijeti ovaj princip i da ćete otići bliže Bogu sa iskrenim srcem i savršenom vjerom, da bi mogli da dobijete odgovore na sve što ste potražili u molitvama.

Primjeri iz Biblije II

Treće nebo je prostor treće dimenzije.

Treće nebo je mjesto gdje je smješteno nebesko kraljevstvo. Prostor koji ima osobine trećeg neba je nazvan: „prostor treće dimenzije."

Kada je toplo i vlažno za vreme leta, mi kažemo da je to kao tropska oblast.

Ovo ne znači da se topao i vlažan vazduh u tropskoj oblasti u stvari pomjerio na to mjesto.

U stvari to samo znači da vrijeme tamo ima slične osobine kao vrijeme u tropskoj oblasti.

Na isti način, čak iako se neke stvari na trećem nebu dogode na prvom nebu (fizičko mjesto u kojem mi živimo), to ne znači da je određeni dio prostora trećeg neba sišao do prvog neba.

Naravno, kada nebeska vojska, anđeli ili proroci putuju ka prvom nebu, kapija koja povezuje treće nebo će se otvoriti.

Baš kao što astronauti moraju da nose svemirsko odjelo da bi hodali po mjesecu ili da bi se kretali po svemiru, kada bića sa trećeg neba siđu na prvo nebo, oni moraju da „obuku" prostor treće dimenzije.

Neki od patrijarha u Bibliji su takođe iskusili treće nebo. To su obično slučajevi kada su im se anđeli ili anđeli GOSPODA pojavili i pomogli im.

Petar i Pavle oslobođeni zatvora

Djela Apostolska 12:7-10 govore: „I gle, anđeo Gospodnji pristupi, i svjetlost obasja po sobi, i kucnuvši Petra u rebra probudi ga govoreći: „Ustani brže." I spadoše mu verige s ruku. A anđeo mu reče: „Opaši se, i obuj opanke svoje. I učini tako. I reče mu anđeo: „Obuci haljinu svoju, pa hajde za mnom." I izišavši iđaše za njim, i ne znaše da je to istina što anđeo činjaše, nego mišljaše da vidi utvaru. A kad prođoše prvu stražu i drugu i dođoše k vratima gvozdenim koja vođahu u grad, ona im se sama otvoriše; i izišavši prođoše jednu ulicu, i anđeo odmah odstupi od njega."

Djela Apostolska 16:25-26 govore: „A u ponoći behu Pavle i Sila na molitvi i hvaljahu Boga; a sužnji ih slušahu; a ujedanput tako se vrlo zatrese zemlja da se pomesti temelj tamnički; i odmah se otvoriše sva vrata i svima spadoše okovi."

Ovo su bili događaji gdje su Petar i apostol Pavle bili zatvoreni bez ikakve greške, samo zato što su prorovjedali jevanđelje. Oni su bili proganjani dok su propovjedali jevanđelje, ali nisu se ni malo žalili. Umjesto toga oni su slavili Boga i radovali se nad činjenicom da su mogli da pate za ime Gospoda. Pošto su njihova srca bila prikladna u skladu sa pravdom trećeg neba, Bog je poslao anđele da ih oslobode. Čvrsta građa ili kapije od gvožđa nisu predstavljale problem anđelima.

Danilo je preživio lavlji kavez

Kada je Danilo bio prvi ministar persijskog carstva, neki od onih koji su bili ljubomorni na njega, pravili su planove za njegovo uništenje. Kao posledica toga, on je bačen u lavlji kavez. Ali Danilo 6:22 govori: „Bog moj posla anđela Svog i zatvori usta lavovima, te mi ne naudiše; jer se nađoh čist pred Njim, a ni tebi care, ne učinih zla." Ovdje: „Bog moj posla anđela Svog i zatvori usta" „lavovima" znači da je njega prekrio prostor trećeg neba.

U nebeskom kraljevstu na trećem nebu, čak i životinje koje su svirepe na zemlju, kao što su lavovi, nisu nasiline već su veoma krotke. Tako da, pravi lavovi na ovoj zemlji će takođe postati krotki kada ih prostor trećeg neba prekrije. Ali ako se prostor uzdigne, oni će se vratiti njihovim prvobitnim osobinama Danilo 6:24 govori: „Potom zapovjedi car, te dovedoše ljude koji bjehu optužili Danila, i baciše u jamu lavovsku njih, djecu njihovu i žene njihove; i još ne dođoše na dno jami, a lavovi ih zgrabiše i sve im kosti potrše."

Danilo je bio zašićen od Boga zato što nije imao ni jedan grijeh. Zli ljudi su pokušavali da pronađu razloge da bi ga optužili, ali nisu mogli ni jedan da pronađu. Takođe, on se molio čak i kada je njegov život bio ugrožen. Sva njegova djela biula su prikladna u skladu sa pravdom treće dimenzije i iz ovog razloga, prostor treće dimenzije prekrio je lavlji kavez i Danilo nije bio ni malo povređen.

Poglavlje 7 — A vi šta mislite ko sam Ja?

> "Ti si Hristos, Sin Boga Živoga."
> Ako date priznanje vjere
> iz dubine vašeg srca,
> to će biti dozvoljeno sa vašim djelima.
> Bog blagosilja one koji daju takvo priznanje.

Važnost priznanja sa usnama

Petar je hodao po vodi

Petar je dobio ključeve neba

Razlog zbog kojeg je Petar primio nevjerovatan blagoslov

Praktikujte Riječ ako vjerujete u Isusa kao u vašeg Spasitelja

Primiti odgovor pred Isusom

Primanje odgovora kroz priznanje sa usnama

Reče im Isus: „A vi šta mislite ko sam Ja?" A Simon Petar odgovori i reče: „Ti si Hristos, Sin Boga Živoga." I odgovarajući Isus reče mu: „Blago tebi, Simone sine Jonin, jer tijelo i krv nisu to tebi javili, nego Otac Moj koji je na nebesima. „A i Ja tebi kažem, ti si Petar, i na ovom kamenu sazidaću crkvu Svoju, i vrata paklena neće je nadvladati. „I daću ti ključeve od carstva nebeskog: i šta svežeš na zemlji biće svezano na nebesima, i šta razrešiš na zemlji biće razrešeno na nebesima."

(Jevanđelje po Mateju 16:15-19)

Neki vjenčani parovi rijetko kažu: „Volim te," u toku cijelog njihovog bračnog života. Ako ih upitamo, oni bi mogli reći da je srce važno i da oni to ne moraju da govore sve vrijeme. Naravno, srce je važnije od prostog priznavanja usnama.

Bez obzira na to koliko puta kažemo: „Volim te," ako ne volimo našim srcem, riječi su beskorisne. Ali ne bi li bilo bolje da možemo da priznamo ono što imamo u našem srcu? Duhovno, to je isto.

Važnost priznanja sa usnama

Poslanica Rimljanima 10:10 kaže: „...jer se srcem vjeruje za pravdu, a ustima se priznaje za spasenje."

Naravno, ono što ovaj stih ističe je da vjerujemo našim srcem. Mi ne možemo biti spašeni samo priznanjem sa naših usana: „Ja vjerujem," već vjerom iz srca. Ipak, i dalje se kaže da moramo da priznamo našim usnama ono što vjerujemo u našem srcu. Zašto?

To je zato da nam se kaže važnost naših djela koja slijede priznanje usnama. Oni koji priznaju da vjeruju, ali učine to samo njihovim usnama bez vjere u njihovim srcima, ne mogu pokazati dokaze njihove vjere, a to su njihova djela ili djela vjere.

Ali oni koji zaista vjeruju u srcu i priznaju njihovim usnama, pokazuju dokaze njihove vjere njihovim djelima. Naime, oni čine ono što nam Bog kaže da činimo, ne čine ono što nam Bog kaže da ne činimo, zadržavaju ono što nam Bog kaže da zadržimo i odbacuju ono što nam Bog kaže da odbacimo.

Zbog toga Jakovljeva Poslanica 2:22 kaže: „Vidiš li da vjera pomože djelima njegovim, i kroz djela svrši se vjera." Jevanđelje po Mateju 7:21 takođe govori: „Neće svaki koji Mi govori: „Gospode, Gospode" ući u carstvo nebesko; no koji čini po volji Oca Mog koji je na nebesima." Naime, pokazano je da mi možemo biti spašeni samo ako pratimo Božju volju.

Ako priznate vašu vjeru koja dolazi iz srca, to će biti praćeno djelima. Onda, Bog ovo smatra istinskom vjerom i odgovoriće i voditi vas putem blagoslova. U Jevađelju po Mateju 16:15-19, mi vidimo Petra koji je primio toliko nevjerovatan blagoslov kroz priznanje vjere, koje je došlo iz dubina njegovog srca.

Isus je pitao učenike: „A vi šta mislite ko sam Ja?" Petar odgovori: „Ti si Hristos, Sin Boga Živoga." Kako je on mogao učiniti tako čudesno priznanje vjere?

U Jevanđelju po Mateju, poglavlje 14, mi čitamo o situaciji kad je Petar učinio iznavredno priznanje vjere. To je kad je Petar hodao po vodi. Za čovjeka da hoda po vodi nema objašnjenja po ljudskom shvatanju. Isus koji hoda po vodi je samo po sebi nevjerovatno, a brzo privlači pažnju i to kada je i Petar hodao po vodi.

Petar je hodao po vodi

U to vrijeme, Isus se molio sam u planinama, i u sred noći, On je prišao Njegovim učenicima koji su bili na lađi koja je bila razbijena talasima. Učenici su mislili da je On duh. Zamislite samo, u tamnoj noći da vam neko prilazi usred mora! Učenici su vikali od straha.

Isus reče: „Ne bojte se, Ja sam, ne plašite se." A Petar je odgovorio: „Gospode, ako si Ti, reci mi da dođem k Tebi po vodi." Isus odgovori: „Hodi!" a onda je Petar izašao sa broda, hodao po vodi i išao prema Isusu.

Petar je mogao da hoda po vodi, ali to nije bilo zato što je njegova vjera bila savršena. Mi ovo možemo razumijeti iz činjenice da se on plašio i da je počeo da tone kada je vidio vjetar. Isus je posegao za njim i uhvatio ga i rekao: „Malovjerni, zašto se posumnja?" Ako ne savršenom vjerom, kako je onda Petar mogao da hoda po vodi?

Iako to nije moglo biti učinjeno njegovom vjerom, on je vjerovao Isusu, Božjem Sinu u njegovom srcu i priznao Ga, da bi u tom trenutku mogao da hoda po vodi. Ovdje mi možemo shvatiti nešto vrlo važno: važno je priznati usnama kada vjerujemo u Gospoda i priznati Njega.

Prije nego što je Petar hodao po vodi, on je priznao: „Gospode, ako si Ti, reci mi da dođem k Tebi po vodi." Naravno, mi ne možemo reći da je ovo priznanje bilo kompletno. Da je on vjerovao u Gospoda 100% u njegovom srcu, on bi priznao: „Gospode, ti možeš sve. Kaži mi da dođem k tebi na vodi."

Ali, pošto Petar nije imao dovoljno vjere da da čvrsto priznanje iz dubine njegovog srca, on je rekao: „Gospode, ako si Ti." On je u neku ruku tražio potvrdu. Ipak, Petar se razlikovao od drugih učenika na brodu rekavši ovo.

On je priznao njegovu vjeru čim je prepoznao Isusa, dok su drugi učenici vikali od straha. Kada je Petar povjerovao i priznao Njega za Gospoda iz dubine njegovog srca, on je mogao da iskusi tako čudesnu stvar, koja nije mogla biti učinjena samo njegovom vjerom i moći, a to je da hoda po vodi.

Petar je dobio ključeve neba

Kroz gore navedeno iskustvo, Petar je konačno učinio savršeno priznanje njegove vjere. U Jevanđelju po Mateju 16:16, Petar je odgovorio: „Ti si Hristos, Sin Boga Živoga." Ovo je bilo drugačije priznanje od onog koje je učinio kad je hodao po vodi. Tokom Isusovog služenja, nisu svi vjerovali i prepoznali Ga kao Mesiju. Neki su bili zavidni i pokušali su da Ga ubiju.

Bilo je čak i ljudi koji su mu sudili i osuđivali Ga, izmišljajući lažne glasine kao što su: „On je lud," „Zaposjeo ga je Velzevul," ili „Kao princ demona On je istjerivao demone."

Ipak, u Jevanđelju po Mateju 16:13, Isus je pitao učenike: „Ko govore ljudi da je Sin Čovječiji?" Oni su odgovorili: „Jedni govore da si Jovan Krstitelj, drugi da si Ilija, a drugi Jeremija, ili koji od proroka." Bilo je takođe i loših glasina o Isusu, ali učenici nisu spominjali njih već su govorili samo od dobrim stvarima kako bi ohrabrili Isusa.

Sada Isus je pitao ponovo učenike: „A vi šta mislite ko sam Ja?" Prvi koji je odgovorio na ovo pitanje bio je Petar. On je odogovorio u Jevanđelju po Mateju 16:16: „Ti si Hristos, Sin Boga Živoga." Mi čitamo u stihovima koji slijede da je Isus podario Petru tako blagoslovenu riječ.

„Blago tebi, Simone sine Jonin, jer tijelo i krv nisu to tebi javili, nego Otac Moj koji je na nebesima" (Jevanđelje po Mateju 16:17).

„A i Ja tebi kažem, ti si Petar, i na ovom kamenu sazidaću crkvu Svoju, i vrata paklena neće je nadvladati. „I daću ti ključeve od carstva nebeskog: i šta svežeš na zemlji biće svezano na nebesima, i šta razrješiš na zemlji biće razrješeno na nebesima" (Jevanđelje po Mateju 16:18-19).

Petar je primio blagoslove da postane temelj za osnivanje crkve i autoritet da pokaže stvari duhovnog prostora u ovom fizičkom prostoru. Tako se kroz Petra dogodilo mnogo čudesnih stvari kasnije; hromi ljudi su prohodavali, mrtvi su oživljavani, a na hiljade ljudi se pokajalo u isto vrijeme.

Takođe, kada je Petar prokleo Ananiasa i Safiru koji su prevarili Svetog Duha, oni su istog trenutka pali i umrli (Djela Apostolska 5:1-11). Sve ove stvari su bile moguće jer je apostol Petar imao autoritet da sve što veže na zemlji bude vezano na Nebesima i sve što je razriješeno na zemlji, bude razriješeno na Nebesima.

Razlog zbog kojeg je Petar primio nevjerovatan blagoslov

Koji je razlog zbog kog je Petar primio tako nevjerovatan blagoslov? Dok je bio u blizini Isusa kao Njegov učenik, on je vidio bezbrojna djela moći manifestovana kroz Isusa. Stvari koje

nisu mogle biti urađene ljudskom sposobnošću, događale su se kroz Isusa. Stvari koje se nisu mogle naučiti pomoću ljudske mudrosti, bile su objavljene kroz Isusova usta. Šta bi onda oni koji istinski vjeruju u Boga i imaju dobrotu u njihovim srcima, trebalo da urade? Zar Ga ne bi prepoznali misleći: „Ovo nije sasvim običan čovjek, već Božji Sin koji je sišao sa Nebesa?"
Ali vidjevši ovog Isusa, mnogo ljudi Ga u to vrijeme nije prepoznalo. Posebno prvosvještenici, svještenici, fariseji, pisari i druge vođe nisu željeli da Ga priznaju.

A neki su bili zavidni i ljubomorni na Njega i pokušali su da Ga ubiju. I dalje su Mu drugi sudili i osuđivali Ga u njihovim mislima. Isus se osjećao žalosno zbog ovih ljudi i rekao je u Jevanđelju po Jovanu 10:25-26: „Isus im odgovori: „Ja vam kazah, pa ne vjerujete; djela koja tvorim Ja u ime Oca svog ona svjedoče za Me. Ali vi ne vjerujete jer niste od Mojih ovaca."

Čak i u Isusovo vrijeme, mnogo ljudi je sudilo i osuđivalo Isusa i pokušalo da Ga ubije. Ipak, Njegovi učenici, koji su Ga stalno posmatrali, bili su drugačiji. Naravno, nisu svi učenici vjerovali i proglasili Isusa za Božjeg Sina i Hrista duboko u njihovim srcima. Ali, oni su vjerovali i priznavali Isusa.

Petar je rekao Isusu: „Ti si Hristos, Sin Boga Živoga," i to nije bilo nešto što je čuo od nekoga ili shvatio u njegovim mislima. On je to mogao da razumije jer je on vidio Božja djela koja su pratila Isusa i zbog toga što ga je Bog pustio da to shvati.

Praktikujte Riječ ako vjerujete u Isusa kao u vašeg Spasitelja

Neki govore njihovim usnama: „Ja vjerujem," samo zato što im drugi ljudi govore da smo mi spašeni ako vjerujemo u Isusa i da mi možemo biti iscjeljeni i primiti blagoslove ako odlazimo u crkvu. Naravno, kada prvi put dođete u crkvu, šanse su da u crkvu ne dolazite zato što znate dovoljno ili zato što dovoljno vjerujete. Nakon što čuju da oni mogu biti blagosloveni i spašeni ako odlaze u crkvu, mnogi ljudi pomisle: „Zašto jednostavno ne probam?"

Ali bez obzira iz kog razloga dolazite u crkvu, nakon što budete vidjeli Božja čudesna djela, vi više nikad nećete imati isto mišljenje. Ja govorim da vi ne bi trebalo da objavljujete vašim usnama da vjerujete ako nemate vjeru, već da bi trebalo da prihvatite Isusa Hrista za vašeg ličnog Spasitelja i da oslobodite Isusa Hrista drugima kroz vaša djela.

U mom slučaju, ja sam živio potpuno drugačijim životom dok nisam upoznao živog Boga i prihvatio Isusa kao mog ličnog Spasitelja. Ja sam mogao da vjerujem u Boga i Isusa kao mog ličnog Spasitelja 100% u mom srcu.

Ja sam uvijek priznavao Gospoda u svom životu i povinovao se Božjoj Riječi. Ja nisam insistirao na mojim mislima, teorijama ili mišljenjima, već sam se samo oslanjao na samog Boga u svemu. Kao što je rečeno u Poslovicama 3.6: „Na svim putevima svojim imaj Ga na umu, i On će upravljati staze tvoje," zato što sam ja prepoznao Boga u svemu, Bog me je vodio u svim mojim putevima.

Onda sam počeo da primam nevjerovatne blagoslove slične onima koje je Petar primio. Kao što je Isus rekao Petru: „... i šta svežeš na zemlji biće svezano na nebesima, i šta razrješiš na zemlji biće razrješeno na nebesima." Bog je odgovorio na sve što sam vjerovao i tražio.

Ja sam priznao Boga i riješio se svih zala u skladu sa Božjom Riječju. Kada sam dostigao nivo posvećenosti, Bog mi je podario Njegovu moć. Kada bih položio svoje ruke na bolesne, bolesti su odlazile i oni su bili iscjeljeni. Kada sam se molio za one koji su imali porodične ili poslovne probleme, njihovi problemi su bili riješeni. Pošto sam priznao Boga u svemu, priznao moju vjeru i udovoljio Mu praktikujući Njegovu Riječ, On je odgovorio na sve želje mog srca i obilno me blagoslovio.

Primiti odgovor pred Isusom

U Bibliji mi vidimo da su mnogi ljudi došli pred Isusa i da su njihove bolesti i slabosti bile iscjeljene ili da su njihovi problem riješeni. Među njima je bilo i nekih pagana, ali su većinu činili Jevreji koji su u Boga vjerovali generacijama.

Ali iako su oni vjerovali u Boga, oni nisu mogli sami da riješe njihove probleme ili da prime odgovor samo sa njihovom vjerom. Oni su bili iscjeljeni od bolesti i slabosti i njihovi problemi su bili riješeni kada su došli pred Isusa. To je bilo zato što su oni vjerovali i prepoznali Isusa i pokazali dokaze za to njihovim djelima.

Razlog zbog kog je tako mnogo ljudi pokušalo da izađe pred Isusa, čak i da dotakne Njegovu odjeću, je zato što su oni imali vjeru da Isus nije bio obična osoba i njihovi problemi bi bili riješeni kad bi izašli pred Njega, iako njihova vjera nije bila potpuna. Oni nisu mogli da prime odgovore za probleme sa njihovom sopstvenom vjerom, ali su i dalje mogli da prime odgovor kada su vjerovali, priznali i izašli pred Isusa.

Šta je onda sa vama? Ako zaista vjerujete u Isusa Hrista i kažete: „Ti si Hrist, Sin živog Boga," onda će vam Bog odgovoriti, vidjevši vaše srce. Naravno, priznanje vjere onih koji su odlazili u crkvu neko duže vrijeme treba da bude drugačije od novih vjernika. To je zato što su Bogu potrebne različite vrste priznanja na usnama različitih ljudi, u skladu sa vjerom svakog ponaosob. Kao što se znanje četvorogodišnjeg djeteta razlikuje od znanja mlade osobe, i priznanje vjere mora biti takođe različito.

Ipak, vi ne možete shvatiti ove stvari sami, ili ih čuti od nekog drugog i shvatiti. Sveti Duh u vama mora vam dati razumijevanje, a vi morate priznati sa nadahnućem Svetog Duha.

Primanje odgovora kroz priznanje sa usnama

U Bibliji ima mnogo ljudi koji su primili njihove odgovore priznajući svoju vjeru. U Jevanđelju po Luki u poglavlju 18, kada je slijep čovjek vjerovao i priznao Gospoda, stao pred Njim, priznao je: „Gospode, da progledam" (stih 41). Isus je odgovorio: „Progledaj; vjera tvoja pomože ti" (stih 42), i on je odmah progledao.

Kad su oni vjerovali, prepoznali, došli pred Isusa i priznali sa vjerom, Isus se oglasio prvobitnim glasom i odgovor je bio odobren. Isus ima istu moć kao svemogući i sveznajući Bog. Ako Isus o nečemu odluči u Njegovom umu, bilo kakva bolest ili slabost će biti iscjeljena, a i svi problemi će biti riješeni.

Ali to ne znači da je On rješavao svačije probleme i odgovarao na svačiju molitvu. Nije ispravno u skladu sa pravednošću moliti se i blagosiljati one koji nisu vjerovali, prepoznali ili se uopšte nisu interesovali za Njega.

Isto tako, da je Petar vjerovao i prepoznao Gospoda u svom srcu, da nije priznao njegovim usnama, da li bi Isus ipak podario Petru one čudesne riječi blagoslova? Isus je mogao da obeća Petru blagoslov bez da prekrši pravednost, jer je Petar vjerovao i priznao Isusa u svom srcu i priznao to njegovim usnama.

Ako biste željeli da učestvujete u služenju Svetog Duha kao što je Petar učinio za Isusa, vi treba da date priznanje usnama, koje dolazi iz dubine vašeg srca. Kroz takvo objavljivanje usnama koje proizilazi iz nadahnuća Svetim Duhom, ja se nadam da ćete brzo primiti i žudnje vašeg srca.

JungminJu (YoungmiYoo (Masan, Južna Koreja))

Nepozvana i nepoznata bolest koja je mene pogodila jednog dana

Sredinom januara 2005. moje lijevo oko je odjednom počelo da se zamračuje, a vid na oba oka je oslabio. Objekti su izgledali zamagljeno ili skoro nevidljivo. Mnogo objekata se činilo da su žuti, a prave linije su se činile zakrivljeno i talasasto. Još gore, pojavilo se povraćanje i vrtoglavica.

Doktor mi je rekao: „To je Harada bolest. Objekti izgledaju grudvasto jer se u tvojim očima nalaze male grudve." On je rekao da je uzrok bolesti još uvijek nepoznat i da nije lako povratiti vid medicinskim lječenjem. Ako se tumori povećaju, mogu da pokriju očne nerve, a to može dovesti do gubitka vida. Ja sam počeo da sagledavam sebe u molitvi. Onda, ja sam postao radije zahvalan, jer bih postao arogantan da nisam imao ovaj problem.

Nakon toga, kroz molitve svještenika Džeroka Lija a koje su se emitovale i pomoću molitve sa maramicom na kojoj se on molio,

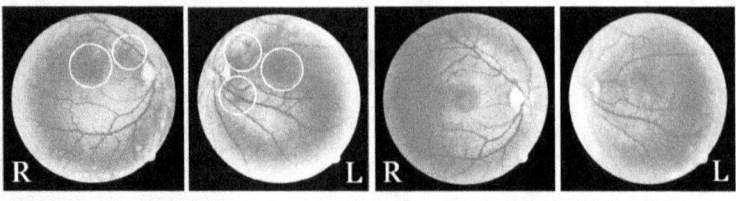
Prije molitve — Tumori nestali odmah posle molitve

moja vrtoglavica i povraćanje su prestali. „Mrtvi očni nervi, oživite! Svjetlosti, uđi!"
Kasnije sam zatekao sebe kako gledam cjelonoćnu službu petkom na TV-u sa savršenim vidom. Titlovi su mi izgledali jasno. Mogao sam da se fokusiram na ono što sam želio da vidim, a objekti nisu izgledali zamućeno. Boja svakog objekta je postala jasna. Ništa više nije izgledalo žuto. Aleluja!
14. februara, otišao sam na ponovni pregled da se uvjerim u svoje iscjeljenje i da slavim Boga. Doktor je rekao: „Nevjerovatno! Tvoje oči su normalne." Doktor je bio upoznat sa ozbiljnim stanjem u kom su bile moje oči i bio je iznenađen da su bile normalne. Nakon detaljnog pregleda, on je potvrdio da su tumori nestali, kao i otok. Upitao me da li sam primio medicinski tretman u drugoj bolnici. Ja sam mu jasno odgovorio: „Ne. Samo sam primio molitvu svještenika

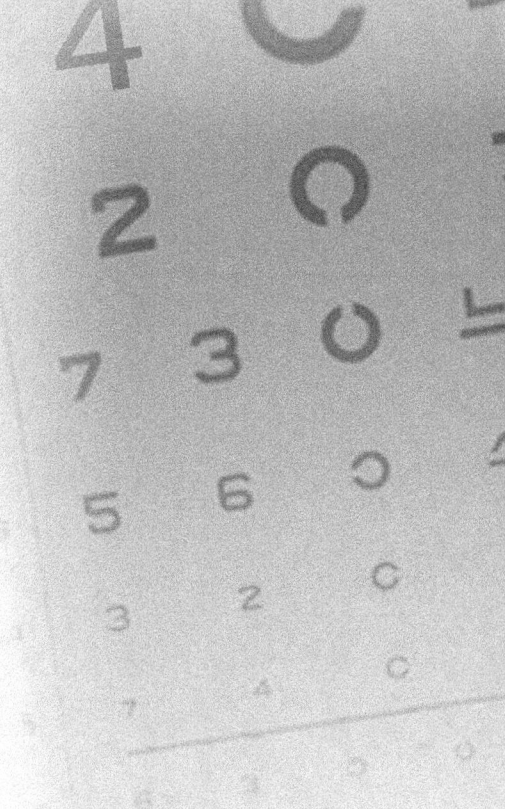

dr. Lija i bio sam iscjeljen pomoću Božje moći."
Moj vid je bio 0.8/0.25 prije nego što sam primio molitvu, ali se popravio na 1.0/1.0 nakon molitve. Sada je moj vid 1.2 na oba oka.

- **Odlomak iz Izvanredne stvari**-

Šta hoćeš da ti učinim?

Poglavlje 8

> Kada je Isus rekao:
> „Šta hoćeš da ti učinim?"
> bilo je kao da je On viknuo prvobitnim glasom.

Primiti odgovore kroz prvobitan glas

Vjerujte Isusu iz dubine srca

Uzvikujte dok tražite od Boga

Savršena vjera koja se ne koleba

Odbacite vaš ogrtač

Bog čuje priznanje vjere

„Šta hoćeš da ti učinim?" A on reče:
„Gospode, da progledam!"

(Jevanđelje po Luki 18:41).

Čak i oni koji dođu u crkvu prvi put, mogu primiti odgovor za bilo koju vrstu problema ako samo vjeruju u Boga u njihovom unutrašnjem srcu. To je zato što je Bog naš Otac koji želi da da dobre stvari Njegovoj djeci, kao što je zapisano u Jevanđelju po Mateju 7:11: „Kad dakle vi, zli budući, umete dare dobre davati djeci svojoj, koliko će više Otac vaš nebeski dati dobra onima koji Ga mole?"

Razlog zbog kog je Bog odredio uslove da se primi odgovor po Njegovoj pravednosti jeste da bi Njegova voljena djeca primila obilje blagoslova. Bog nije odredio uslove da bi rekao: „Ne mogu ti dati jer nisi ispunio standarde."

On nas uči načinima da primimo odgovor na želje našeg srca, finansijske probleme, porodične probleme ili probleme sa bolestima. I, da bismo primili takve odgovore u Božjoj pravednosti, vjera i poslušnost su najvažniji.

Primiti odgovore kroz prvobitan glas

U Jevanđelju po Luki, poglavlje 18, mi čitamo o detaljima slijepog čovjeka koji je primio njegov odgovor kada je kroz Isusa odjeknuo prvobitan glas. On je čuo da Isus tuda prolazi dok je on prosio na ulicama, te je on viknuo glasno. „Isuse, Sine Davidov, pomiluj me." Oni koji su vodili put su mu strogo odgovorili da bude tih; ali je on nastavio da viče sve jače: „Sine Davidov, pomiluj me!"

I Isus se zaustavio i zapovjedio je da on bude doveden pred Njim; i On ga je pitao: „Šta hoćeš da ti učinim?" A on reče:

„Gospode, da progledam!" A Isus mu reče: „Progledaj; vjera tvoja pomože ti." Čim je Isus to izgovorio, izuzetan čin se dogodio. On je momentalno povratio njegov vid. A kada su svi ljudi to vidjeli, oni su dali slavu Bogu.

Kada je Isus rekao: „Šta hoćeš da ti učinim?" On je odjeknuo prvobitnim glasom. Kada je slijep čovjek rekao: „Gospode, da progledam!" Gospod je rekao: „...vjera tvoja pomože ti," bio je to prvobitan glas.

„Prvobitan glas" je glas Boga koji je odjekivao kada je On stvarao Nebesa i zemlju i sve stvari u njima Njegovom Riječju. Slijepi čovjek je mogao da primi vid kada se Isus oglasio prvobitnim glasom, jer je on zadovoljavao odgovarajuće uslove da primi odgovor. Odavde, ispitaćemo detalje kako je ovaj slijepi čovjek mogao da primi njegov odgovor.

Vjerujte Isusu duboko u srcu

Isus je odlazio u varoši i gradove, širio Jevanđelje o nebeskom kraljevstvu i potvrđivao Njegovu Riječ znakovima i čudima koja su slijedila. Onesposobljeni su prohodali, leprozni su bivali izlečeni, a oni koji su imali oštećenja vida ili sluha, mogli su da ponovo vide i čuju. Oni koji nisu mogli da govore su progovarali, a demoni su istjerivani. Pošto su se vijesti o Isusu nadaleko raširile, gomila ljudi se uvijek skupljala oko Isusa gdje god da je On išao.

Jednog dana Isus je otišao u Jerihon. Kao i obično, mnogo ljudi se skupilo oko Isusa i pratilo Ga. U to vrijeme, slijepi čovjek koji je sjedio na ulici proseći čuo je gomilu kako prolazi i upitao ljude šta se dešava. Neko mu je rekao: „Isus Nazarećanin prolazi." Onda je, ovaj slijep čovjek, bez ustezanja viknuo: „Isuse, sine Davidov, pomiluj me."

Razlog zbog kog je on mogao ovako da vikne bio je taj što je on vjerovao da Isus može učiniti da on progleda. Takođe, pretpostavlja se da je on vjerovao da je Isus Spasitelj, shodno činjenici da je uzviknuo: „Isuse, sine Davidov."

To je zato što su svi ljudi u Izraelu znali da će Mesija doći u porodicu Davidovu. Prvi razlog zašto je ovaj slijepi čovjek mogao da primi odgovor je taj što je on vjerovao i prihvatio Isusa za Spasitelja. On je takođe vjerovao bez sumnje da će Isus moći da učini da on progleda.

Iako je on bio slijep i nije mogao da vidi, on je čuo mnogo novosti o Isusu. On je čuo da se pojavila osoba koja se zove Isus i On je imao tako jake moći da je On mogao da riješi bilo kakav problem koji nijedan drugi čovjek ne bi mogao da riješi.

Kao što je u Poslanici Rimljanima 10:17 rečeno: „Vjera biva od propovjedanja," ovaj slijep čovjek počeće da ima vjeru koju će početi da prima čim progleda samo ako ode do Isusa. On je mogao da vjeruje u ono što je čuo jer je on imao relativno dobro srce.

Isto tako, ako mi imamo dobro srce, lakše nam je da imamo duhovnu vjeru kada slušamo jevanđelje. Jevanđelje je „dobra vijest", a vijesti o Isusu su takođe bile „dobre vijesti." Tako oni sa dobrim srcima jednostavno prihvataju dobre vijesti. Na primjer, kada neko kaže: „Ja sam izlečen od neizlečive bolesti kroz molitvu," oni sa dobrim srcima će se radovati zajedno sa njim. Iako oni u to ne vjeruju u potpunosti, oni će pomisliti: „To je zaista dobra stvar ukoliko je tačna." Što su ljudi više zli, to oni više sumnjaju i pokušavaju da ne vjeruju. Neki čak i sude i osuđuju govoreći: „Oni to izmišljaju da bi obmanjivali ljude." Ali ako kažu da su djela Svetog Duha manifestovana kroz Boga laž i izmišljotina, to je bogohuljenje Svetog Duha.

Jevanđelje po Mateju 12:31-32 kaže: „Zato vam kažem, svaki grijeh i hula oprostiće se ljudima; a na Duha Svetog hula neće se oprostiti ljudima. I ako ko reče riječ na Sina Čovječijeg, oprostiće mu se; a koji reče ijreč na Duha Svetog, neće mu se oprostiti ni na ovom svijetu ni na onom."

Ako ste osudili crkvu koja pokazuje djela Svetog Duha, morate se pokajati. Samo onda kada se zid između vas i Boga ukloni, moći ćete da primite odgovor.

1. Jovanova Poslanica 1:9 kaže: „Ako priznajemo grijehe svoje, vjeran je i pravedan da nam oprosti grijehe naše, i očisti nas od svake nepravde." Ako imate nešto zbog čega bi trebalo da se pokajete, ja se nadam da ćete se temeljno pokajati pred Bogom sa suzama i hodati samo u Svjetlosti.

Uzvikujte dok tražite od Boga

Kada je slijep čovjek čuo da Isus prolazi, on je jako uzviknuo: „Isuse, Sine Davidov, pomiluj me." On je uzvikovao Isusu glasno.

Zbog čega je on morao glasno da uzvikuje?

Postanak 3:17 kaže: „Pa onda reče Adamu: „Što si poslušao ženu i okusio s drveta s kog sam ti zabranio rekavši: „Da ne jedeš s njega, zemlja da je prokleta s tebe, s mukom ćeš se od nje hraniti do svog vijeka.""

Prije nego je prvi čovjek Adam okusio sa drveta znanja dobrog i zlog, ljudi su mogli da jedu ono što im je Bog davao koliko god su htjeli. Ipak, nakon što se Adam oglušio na Božju Riječ i okusio sa drveta, grijeh je ušao u ljude i mi smo postali ljudi od mesa. Od tada smo mi mogli da jedemo samo kroz mukotrpan rad.

Ovo je pravda određena od Boga. Zbog toga, samo sa oznojenim čelom mi možemo primiti odgovore od Boga. Naime, mi se moramo mučiti u našoj molitvi svim našim srcem, razumom i dušom i uzvikivati da bismo primili odgovor.

Jeremija 33:3 kaže: „Zovi Me, i odazvaću ti se, i kazaću ti velike i tajne stvari, za koje ne znaš." Jevanđelje po Luki 22:44 kaže: „I budući u borenju, moljaše se bolje; znoj pak Njegov bješe kao kaplje krvi koje kapahu na zemlju."

Takođe, u Jevanđelju po Jovanu 11, kada je Isus oživio Lazara koji je bio mrtav četiri dana, On je uzviknuo jakim glasom: „Lazare, iziđi napolje!" (Jevanđelje po Jovanu 11:43). Kada je Isus prolio svu Njegovu vodu i krv i izdahnuo Njegov poslednji dah na krstu, vukavši jakim glasom On je rekao: „Oče, u ruke Tvoje predajem duh Svoj" (Jevanđelje po Luki 23:46).

Zbog toga što je On došao na ovu zemlju u ljudskom tijelu, čak je i bezgrješni Isus uzvikivao glasno, da bi to bilo u skladu sa Božjom pravdom. Kako onda mi, Božja stvorenja, možemo samo sjedeti i moliti se na lak način bez da uzvikujemo glasno da bismo dobili odgovor na probleme koji se ne mogu riješiti ljudskom sposobnošću? Zbog toga, drugi razlog zbog kog je slijepi čovjek mogao da primi odgovor, bio je taj što je on glasno uzvikovao, što je bilo u skladu sa Božjom pravdom.

Jakov je primio blagoslov od Boga jer se molio dok se zglob na njegovoj butini nije dislocirao (Postanak 32:24-30). Dok nije došla kiša da okonča tri i po godine suše, Ilija se tako revnosno molio sa glavom između koljena (1. Knjiga Kraljevima 18:42-46). Mi možemo primiti odgovor brzo, tako što ćemo dotaći Božje srce kada se molimo svom našom snagom, vjerom i ljubavlju.

Uzvikovati u molitvi ne znači da mi treba da vrištimo neprijatnim glasom. Ispravne načine moljenja i način da dobijete Božji odgovor možete pogledati u knjizi „Nastavite da posmatrate i da se molite."

Savršena vjera koja se ne koleba

Neki ljudi kažu: „Bog poznaje i najdublji dio tvog srca, te zato ne morate uzvikivati u vašoj molitvi." Ali to nije istina. Slijepom čovjeku je strogo rečeno da bude tih, ali je on nastavio još glasnije uzvikuje.

On nije poslušao ljude koji su mu govorili da bude tih, već je uzvikivao još više u skladu sa Božjom pravdom sa još strastvenijim srcem. Njegova vjera je u ovom trenutku bila savršena vjera koja se nije mogla izmjeniti. I treći razlog zbog kog je on primio odgovor je zato što je pokazao svoju vjeru koja je bila nepromjenljiva u bilo kakvoj situaciji.

Kad su ga ljudi korili, da se slijepi čovjek uvrijedio ili da je ućutao, on ne bi dobio svoj vid. Ipak, zbog toga što je on imao tako čvrstu vjeru da će moći da progleda kada se sretne sa Isusom, on nije mogao da propusti taj trenutak uprkos prekorevanju ljudi. Nije bilo vrijeme da pokaže svoj ponos. Ili nije mogao da popusti na bilo kakve teškoće. On je nastavio da revnosno uzvikuje i konačno je dobio odgovor.

U Jevanđelju po Mateju, u poglavlju 15, je iskaz žene Hananejke koja je skromnog srca došla pred Isusa i primila odgovor. Kada je Isus otišao u Tir i Sidon, žena je došla pred Njega pitajući Ga da istjera demona koji je zaposeo njenu ćerku. Šta je tada Isus odgovorio? On je rekao: „Nije dobro uzeti od djece hljeb i baciti psima." Djeca se odnosi na narod Izraela, a žena Hananejka na psa.

Obični ljudi bi bili vrlo uvrijeđeni takvom primjedbom i otišli bi. Ali ona je bila drugačija. Ona je ponizno tražila milost govorivši: „Da, Gospode, ali i psi jedu od mrva što padaju s trpeze njihovih gospodara." Isus je bio dirnut i rekao je: „O ženo, velika je vjera tvoja; neka ti bude kako hoćeš." Njena kćer je odmah bila isceljena. Ona je primila odgovor jer je odbacila sav svoj ponos i potpuno se ponizila.

Ipak, mnogi ljudi koji dolaze pred Boga da riješe neki veliki problem, jednostavno se vrate ili se ne uzdaju u Boga, samo zato što su njihova osjećanja povređena nekom malom stvari. Ali ako oni zaista imaju vjeru da riješe bilo kakav težak problem, onda sa skromnim srcem oni će nastaviti da traže od Boga Njegovu milost.

Odbacite vaš ogrtač

Kada je Isus u to vrijeme otišao u Jerihon, On je otvorio oči slijepom čovjeku, a u Jevanđelju po Marku 10:46-52, mi možemo pročitati da je Isus otvorio oči još jednom slijepom čovjeku. Ovaj slijepi čovjek bio je Vartimej.

On je takođe dozivao vičući nakon što je čuo da Isus tuda prolazi. Isus je rekao ljudima da ga dovedu, a mi moramo obratiti pažnju na ono što je on uradio. Jevanđelje po Marku 10:50 kaže: „A on zbacivši sa sebe haljine svoje, ustade i dođe k Isusu." Ovo je razlog zašto je on mogao da primi odgovor: on je odbacio svoj ogrtač i došao k Isusu.

Šta je onda duhovno značenje skriveno u odbacivanju ogrtača, što je bio jedan od uslova da se primi odgovor? Ogrtač prosjaka mora da je bio prljav i mora da je smrdeo. Ali on je bio jedino što je prosjak posjedovao i čime bi zaštitio svoje tijelo. Ali Vartimej je imao dobro srce te nije mogao da ode pred Isusa sa prljavim i smrdljivim ogrtačem.

Isus, sa kojim je išao da se sretne, bio je tako sveta i čista osoba. Slijepi čovjek je znao da je Isus bio dobar čovjek koji je ljudima pružao milost, liječio ih i davao nadu siromašnima i bolesnima. Tako je on poslušao glas svoje savjesti koji je govorio da on ne može pred Isusa sa njegovim prljavim i smrdljivim ogrtačem. On je poslušao glas i odbacio ogrtač.

To je bilo prije nego je Vartimej primio Svetog Duha, te je on slušao glas svoje dobre savjesti i povinovao mu se. Naime, on je odbacio njegovu najvrijedniju stvar koju je posjedovao, njegov ogrtač, istog trenutka. Još jedno duhovno značenje ogrtača je naše srce koje je prljavo i koje zaudara. To je srce neistine kao što je ponos, arogancija, i druge prljave stvari.

Ovo ukazuje na to da, da bismo sreli Boga koji je sveti, mi moramo da odbacimo sve prljave i smrdljive grijehe, koji su kao ogrtač prosjaka. Ako zaista želite da primite odgovor, morate slušati glas Svetog Duha kada vas Sveti Duh podsjeća na vaše prošle grijehe. I morate da se pokajete u svakom od njih. Vi treba da slušate bez oklijevanja šta vam glas Svetog Duha govori, kao što je slijepi čovjek Vartimej činio.

Bog čuje priznanje vjere

Isus je konačno odgovorio ovom slijepom čovjeku koji je sa potpunim ubeđenjem vjere pitao. Isus ga pitao: „Šta hoćeš da ti učinim?" Zar Isus nije znao šta je ovaj slijepi čovjek želio? Naravno da je znao, ali razlog zbog kog je On ipak pitao bio je taj što mora postojati priznanje vjere. To je Božja pravednost zbog koje mi moramo da damo prizanje našoj vjeri našim usnama da bismo primili odgovor.

Isus je pitao slijepog čovjeka: „Šta hoćeš da ti učinim?" jer se on susreo sa uslovima u kojima može da dobije odgovor. Kao što je rekao: „Gospode, da progledam!" to mu je bilo zagarantovano. Isto tako, ako mi ispunimo uslove u skladu sa Božjom pravednošću, mi možemo dobiti sve što tražimo.

Znate li priču oo čarobnoj Aladinovoj lampi? Navodno, ako protrljate lampu tri puta, iz lampe će izaći duh i ispuniti vam tri želje. Iako je ovo samo priča koju su izmislili ljudi, mi imamo mnogo čudesniji i moćniji ključ za odgovore. U Jevanđelju po Jovanu 15:7 Isus je rekao: „Ako ostanete u Meni i riječi Moje u vama ostanu, šta god hoćete ištite, i biće vam."

Da li vjerujete u moć svemoćnog Boga Oca koji je svemoguć? Onda, možete prebivati u Gospodu i pustiti da Riječ prebiva u vama. Nadam se da ćete biti jedno sa Gospodom kroz vjeru i povinovanje, tako da ćete moći hrabro izjaviti vaše želje i primiti ih kada se oglasi prvobitni glas.

G-đa. Akijo Hiruči (Akiyo Hirouchi (Maizuru, Japan))

Atrijalni septijalni defekt moje unuke je iscjeljen!

Početkom 2005. godine, sestre bliznakinje su rođene u našoj porodici. Ali nakon otpilike 3 mjeseca, druga bliznakinja je imala teškoće sa disanjem. Utvrđen joj je atrijalni septalni defekt sa rupom od 4,5 mm u srcu. Ona nije mogla da drži glavu mirno niti je mogla da sisa. Morali su da je hrane sondom kroz nos.

Bilo je kritično i pedijatar sa univerzitetske bolnice u Kjotu došao je u gradsku bolnicu u Maizuru. Tjelo bebe je bilo preslabo da se transportuje u univerzitetsku bolnicu koja je bila prilično udaljena. Tako je ona morala da bude liječena u lokalnoj bolnici.

Svještenik Keontae Kim iz Osake i Maizuru Manmin crkve molio se za nju sa maramicom na kojoj se i svještenik Džerok Li molio. Takođe, on je poslao i zahtjev za molitvu glavnoj crkvi u Seulu zajedno sa njenom fotografijom.

Ja nisam bio u mogućnosti da prisustvujem bogosluženju na

internetu, pa smo snimili cjelonoćnu službu u petak glavne crkve u Manminu 10. juna 2005. i onda je cela porodica zajedno primila molitvu sveštenika Lija.

„Oče Bože, izliječi je prevazilazeći prostor i vrijeme. Spusti Tvoje ruke na Miki Junu (Miki Yuna), unuku Akijo Hiruči u Japanu. Atrijalni septalni defekte, odlazi! Neka te spali vatra Svetog Duha i budi zdrava!"

Sledećeg dana, 11. juna dogodila se čudesna stvar. Beba nije mogla da diše sama, ali joj je bilo bolje i mogli su da je skinu sa respiratora.

„Pravo je čudo da se beba ovako brzo oporavila!" Doktor je bio začuđen.

Od tada, beba je lijepo napredovala. Težila je samo 2,4 kg, ali za 2 mjeseca od kada je primila molitvu, težila je 5 kg! Njen glas kada je plakala bio je mnogo jači takođe. Vidjevši ovo čudo iz prve ruke, ja sam se registrovao u glavnu crkvu Manmin u avgustu 2005. Shvatio sam da je On odobrio božansko djelo izlječenja znajući da ću ja povjerovati u Njega kroz čudo.

Kroz ovu milost, ja sam predano radio da osnujem Manmin crkvu u Maizuru. Tri godine nakon otvaranja, članovi crkve i ja ponudili smo Bogu da kupimo divnu zgradu za svetilište.

Danas ja obavljam dosta volonterskog rada za Božje kraljevstvo. Ja sam zahvalan, ne samo za milost izlječenja moje unuke, već i za milost Božju koja me vodi putem istinskog života.

- **Odlomak iz Izvanredne stvari-**

„Kako si vjerovao neka ti bude"

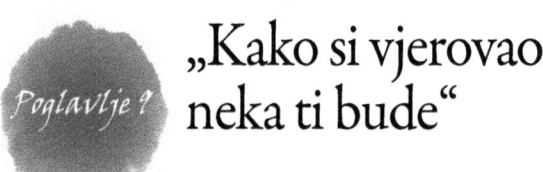

Poglavlje 9

> „Prvobitan glas koji izlazi"
> iz ustiju Isusa
> prolazi kroz zemlju
> dostiže kraj svijeta,
> i tako manifestuje Njegovu moć
> koja prevazilazi vrijeme i prostor.

Sva bića će se povinovati prvobitnom glasu

Ljudi postaju nesposobni da čuju prvobitan glas

Razlog zbog kojeg oni ne dobijaju odgovore

Kapetan je imao dobro srce

Kapetan je iskusio čudo prevazilazeći vrijeme i prostor

Moćna djela koja prevazilaze vrijeme i prostor

„A kapetanu reče Isus: „Idi, i kako si vjerovao neka ti bude." I ozdravi sluga njegov u taj čas."

(Jevanđelje po Mateju 8:13).

Kada su u agoniji ili u teškoćama gdje izgleda da nema izlaza, mnogi ljudi osjećaju da je Bog daleko od njih ili da okreće Njegovu glavu od njih. Neki od njih čak i sumnjaju misleći: „Da li Bog uopšte zna da sam ovde?", ili: „Da li Bog čuje moje molitve kada se molim?" Ovo je zato što oni nemaju dovoljno vjere u svemogućeg i sveznajućeg Boga.

David je prošao kroz mnogo nevolja u životu a opet je priznao: „Da izađem na nebo, Ti si onde; da siđem u pakao, onde si. Da se dignem na krilima od zore, i preselim se na kraj mora, i onde će me ruka Tvoja voditi, i držati me desnica Tvoja" (Psalmi 139:8-10).

Zbog toga što Bog vlada čitavim univerzumom i svim stvarima van vrijemena i prostora, fizička razdaljina koju ljudska bića osjećaju nije uopšte od značaja za Boga.

Isaija 57:19 kaže: „Ja stvaram plod usnama: „Mir, mir onome ko je daleko i ko je blizu" veli GOSPOD, i „iscijeliću ga.""(NKJV). Ovdje: „Ja stvaram plod usnama," znači da će reč data Bogu sigurno biti ispunjena, kao što je rečeno u Brojevima 23:19.

Isaija 55:11 takođe govori: „Tako će biti riječ Moja kad izađe iz Mojih usta: neće se vratiti k Meni prazna, nego će učiniti šta Mi je drago, i srećno će svršiti na šta je pošaljem."

Sva bića će se povinovati prvobitnom glasu

Bog Stvoritelj je stvorio Nebesa i zemlju Njegovim prvobitnim glasom. Tako, sve što je bilo stvoreno prvobitnim glasom, povinuje se prvobitnom glasu iako to nisu živi organizmi. Na primjer, mi danas imamo uređaje sa prepoznavanjem glasa, koji reaguju samo na određeni glas. Na isti način, prvobitni glas je ugrađen u sva stvari univerzuma, tako da se oni povinuju kada se prvobitni glas oglasi.

Isus, koji je sama priroda Boga, oglašavao se takođe prvobitnim glasom. Jevanđelje po Marku 4:39 kaže: „I ustavši zapreti vetru, i reče moru: „Ćuti, prestani." I utoli vjetar, i postade tišina velika." Čak i more i vjetar koji nemaju uši ili život, povinuju se prvobitnom glasu. Šta bi onda mi, ljudska bića koja imamo uši i razum, trebalo da činimo? Očigledno je da se moramo povinovati. Ali onda, zašto se ljudi ne povinuju?

U primjeru uređaja koji prepoznaje glas, pretpostavimo da ima stotinu ovakvih mašina. Vlasnik podešava mašine da rade kada čuju glas koji kaže: „Da." Ali neko je promjenio podješavanja na 40 mašina. On je podesio ovih 40 mašina da rade kada čuju „Ne." Onda ovih 40 mašina nikad neće raditi kada vlasnik kaže: „Da." Na vrlo sličan način, otkako je Adam zgriješio, ljudi su onemogućeni da čuju prvobitni glas.

Ljudi postaju nesposobni da čuju prvobitan glas

Adam je u stvari bio stvoren kao živi duh koji je slušao i povinovao se samo Božjoj Riječi, istini. Bog Otac je Adama naučio samo duhovnom znanju, što su bile riječi istine, ali pošto je Bog dao Adamu slobodnu volju, na Adamu je bilo da odluči da li će se povinovati istini ili neće. Bog nije želio dijete koje je kao robot, koji bi se bezuslovno povinovao sve vrijeme.

On je želio djecu koja će se svojevoljno povinovati Njegovoj Riječi i koja će Ga voljeti istinskim srcima. Ipak, nakon dugog perioda vremena, Adam je bio iskušan od strane Sotone, te se on oglušio na Božju Riječ.

Poslanica Rimljanima 6:16 kaže: „Ne znate li da kome dajete

sebe za sluge u poslušanje, sluge ste onog koga slušate, ili grijeha za smrt, ili poslušanja za pravdu?" Kao što je rečeno, Adamovi potomci su postali robovi grijeha i neprijatelja đavola i Sotone, usled njegove neposlušnosti.

Oni su sada bili osuđeni da misle, govore i da djeluju onako kako im Sotona naloži i oni su dodavali grijehe na grijehe i konačno pali u smrt. Ipak, Isus je došao na ovu zemlju u Božjem proviđenju. On je umro kao žrtva pomirenja da bi iskupio sve grješnike i On je vaskrsnuo.

Iz ovog razloga Poslanica Rimljanima 8:2 kaže: „Jer zakon Duha koji oživljava u Hristu Isusu, oprostio me je od zakona grijehovnog i smrti." Kao što je rečeno, oni koji vjeruju u Isusa Hrista u svojim srcima i hodaju putem Svjetlosti, nisu više robovi grijeha.

To znači da im je omogućeno da čuju prvobitni glas Boga kroz njihovu vjeru u Isusa Hrista. Zbog toga, oni koji čuju i povinuju se, mogu primiti odgovor na sve što traže.

Razlog zbog kojeg oni ne dobijaju odgovore

Sada, neki ljudi mogu upitati: „Ja vjerujem u Isusa Hrista i grijesi su mi oprošteni, zašto onda nisam izliječen?" Onda, ja bih htio da vam postavim ovo pitanje: U kojoj mjeri ste se povinovali Božjoj Riječi iz Biblije?

Kad se izjašnjavate da vjerujete u Boga, zar niste voljeli svjetovno, varali druge, ili činili loše stvari kao i svjetovni ljudi? Volio bih da provjerite da li ste ispoštovali sve svete Nedjelje, davali odgovarajući desetak i povinovali se Božjim zapovjestima koje nam govore šta da radimo, šta da ne radimo, šta da zadržimo ili šta da odbacimo.

Ako na ova pitanja pouzdano možete odgovoriti sa da, onda ćete dobiti odgovor na sve što tražite. Čak i ako odgovor ne stigne odmah, vi ćete se zahvaljivati iz dubine vašeg srca i osloniti se na Boga bez kolebanja. Ako pokažete svoju vjeru na ovaj način, Bog neće oklijevati da odobri odgovor. On će se oglasiti prvobitnim glasom i reći će: „Biće ti učinjeno jer si vjerovao," i biće učinjeno u skaldu sa vašom vjerom.

Kapetan je imao dobro srce

U Jevanđelju po Mateju, poglavlje 8, je svjedočenje rimskog kapetana koji je primio odgovor kroz vjeru. Kada je došao Isusu, bolest njegovog sluge bila je iscijeljena kroz prvobitni glas koji je Isus izgovorio.

U to vrijeme, Izrael je bio pod vlašću Rimskog carstva. Bilo je zapovjednika koji su zapovjedali sa hiljadu, sto, pedeset ili deset Rimskih vojnika. Njihova titula ili rang bio je u skladu sa brojevima vojnika kojima su zapovjedali. Jedan od njih koji je bio zadužen za sto vojnika, kapetan, bio je u Kapernaumu u Izraelu. On je čuo vijesti o Isusu koji je podučavao ljubav, dobrotu i milosrđe.

Isus je učio u Jevanđelju po Mateju 5:38-39: „Čuli ste da je kazano: „Oko za oko, i zub za zub." A ja vam kažem da se ne branite oda zla, nego ako te ko udari po desnom tvom obrazu, obrni mu i drugi."

Takođe, On je rekao u Jevanđelju po Mateju 5:43-44: „Čuli ste da je kazano: „Ljubi bližnjeg svog, i mrzi na neprijatelja svog." A ja vam kažem, ljubite neprijatelje svoje, blagosiljajte one koji vas kunu." Oni koji su dobri u srcu će biti dirnuti kada čuju ovakve riječi dobrote kao što su ove.

Ali kapetan je takođe čuo da Isus nije samo podučavao dobrotu, već i da je izvodio znakove i čuda koji nisu bili mogući ljudskim sposobnostima. Vijesti su bile, da su leprozni, koji su smatrani prokletima, bili izliječeni, slijepi su progledavali, nijemi su progovarali, a gluvi su mogli ponovo da čuju. Štaviše, hromi su mogli da hodaju i da skaču, a bogalji su takođe prohodavali. A kapetan je jednostavno vjerovao tim riječima onakve kakve su bile.

Ali različiti ljudi su različito reagovali na takve vijesti o Isusu. Kada su vidjeli Božja djela, prva vrsta ljudi nije imala razumijevanja. Zbog njihovih čvrstih, na sebe usredsređenih okvira vjere, umjesto da prihvate i povjeruju, oni pribegavali suđenju i osudi.

Fariseji i pisari, koji su imali stečena prava, bili su ovaj tip ljudi. U Jevanđelju po Mateju 12:24 zapisano je da su oni čak i govorili o Isusu, rekavši: „Ovaj drugačije ne izgoni đavola do pomoću Veelzevula kneza đavolskog." Oni su izgovarali zle riječi sa njihovim duhovnim neznajem.

Druga vrsta ljudi vjerovala je u Isusa kao u velikog proroka i pratila Ga. Na primjer, kada je Isus uzdigao mladog čovjeka iz smrti, ljudi su rekli: „A strah obuze sve, i hvaljahu Boga govoreći: „Veliki prorok iziđe među nama," i „Bog pohodi narod svoj."" (Jevanđelje po Luki 7:16).

Sada, treći tip, bilo je ljudi koji su u njihovim srcima shvatali i vjerovali da je Isus Božji Sin koji je došao na ovu zemlju da postane Spasitelj svih ljudi. Čovjek je bio slijep od rođenja, ali njegove oči su progledale kad je upoznao Isusa. On je rekao: „Otkako je svijeta nije čuveno da ko otvori oči rođenom slijepcu.

Kad On ne bi bio od Boga ne bi mogao ništa činiti" (Jevanđelje po Jovanu 9:32-33). On je shvatio da je Isus došao kao Spasitelj. On je priznao: „Gospode, ja vjerujem," i bogoslužio je Isusu. Isto tako, oni koji su imali dobro srce koje je bilo u stanju da prepozna nešto dobro, mogli su da shvate da je Isus Božji Sin samo na osnovu onoga što su vidjeli da je Isus učinio.

U Jevanđelju po Jovanu 14:11, Isus je rekao: „Vjerujte Meni da sam Ja u Ocu i Otac u Meni; ako li Meni ne vjerujete, vjerujte Mi po tim djelima." Da ste živjeli u vrijeme kad i Isus, šta mislite, kojoj biste vrsti ljudi vi pripadali?

Kapetan je bio jedan od onih ljudi trećeg tipa. On je vjerovao u vijesti o Isusu onakve kakve su bile i otišao je pred Njega.

Kapetan je iskusio čudo prevazilazeći vrijeme i prostor

Koji je razlog zbog kog je kapetan primio odgovor koji je htio, odmah nakon što je čuo da Isus kaže: „Biće ti učinjeno jer si vjerovao?"

Mi možemo vidjeti da je kapetan vjerovao Isusu u svom srcu. On je mogao da se povinuje šta god bi mu Isus rekao. Ali najvažnija stvar o ovom kapetanu je u tome što je ovaj kapetan došao pred Isusa sa istinskom ljubavlju ka dušama.

Jevanđelje po Mateju 8:6 kaže: „Gospode, sluga moj leži doma uzet, i muči se vrlo." Ovaj kapetan je došao pred Isusa i nije tražio za svoje roditelje, rođake, čak ni za svoju djecu, već za svog slugu. On je preuzeo bol svog sluge kao svoj sopstveni bol i došao pred Isusa, i kako Isus ne bi bio ganut njegovim dobrim srcem?

Paraliza je ozbiljno stanje koje se ne može lako izliječiti ni najsloženijim medicinskim vještinama. Taj ne može slobodno da pomjera ruke i noge, te mu je potrebna pomoć drugih. Takođe, u nekim slučajevima potrebna mu je pomoć pri kupanju, jelu ili promjeni odjeće.

Ako bolest postoji dugo vremena, vrlo je teško naći osobu koja može stalno da brine o bolesnoj osobi sa ljubavlju i saosjećanjem, kao što stara korejanska poslovica kaže: „Nema posvećenih sinova u dugoj bolesti." Nema mnogo ljudi koji mogu da vole članove svoje porodice kao sebe same.

Ipak, ponekad kada se cijela porodica ozbiljno moli za njih sa ljubavlju, mi možemo vidjeti one koji su prešli granicu života iscjelivši se ili primivši odgovor za vrlo težak problem. Njihova molitva i djela ljubavi dirnula su srce Boga Oca toliko da im Bog pokazuje ljubav koja ide van Njegove pravednosti.

Kapetan je imao tako potpuno povjerenje u Isusa, da je On mogao da izliječi paralizu njegovog sluge. On je upitao Isusa i primio odgovor.

Razlog zbog kog je kapetan mogao da primi odgovor, bio je taj što je on pokazao savršenu vjeru i voljnost da se u potpunosti povinuje Isusu.

Isus je vidio da je kapetan volio svog slugu kao sebe samog i rekao mu je: „Ja ću doći da ga iscijelim." Ali kapetan je rekao u Jevanđelju po Mateju 8:8: „Gospode, nisam dostojan da pod krov moj uđeš; nego samo reci riječ, i ozdraviće sluga moj."

Većina ljudi bi bila vrlo srećna da im Isus dođe u kuću. Ali kapetan je hrabro tvrdio gore navedeno jer je imao istinsku vjeru.

To je zato što je on imao takav stav da se povinuje šta god da mu je Isus rekao. Mi možemo da vidimo iz riječi koje govori u Jevanđelju po Mateju 8:9 da: „Jer i ja sam čovjek pod vlasti, i imam pod sobom vojnike, pa kažem jednom: „Idi!" i ide; i drugom: „Dođi!" i dođe; i sluzi svom: „Učini to!" i učini." Sada kada je Isus ovo čuo, On je bio zadivljen i rekao je onim sledećim: „Zaista vam kažem: ni u Izrailju tolike vjere ne nađoh."

Na isti način, ako vi činite ono što nam Bog kaže da činimo, ne činite ono što nam Bog kaže da ne činimo, sačuvate ono što nam Bog kaže da sačuvamo i odbacite ono što nam Bog kaže da odbacimo, vi se možete pouzdati da tražite bilo šta pred Bogom. To je zato što 1. Jovanova Poslanica 3:21-22 kaže: „Ljubazni, ako nam srce naše ne zazire, slobodu imamo pred Bogom; i šta god zaištemo, primićemo od Njega, jer zapovjesti Njegove držimo i činimo šta je Njemu ugodno."

Kapetan je imao savršenu vjeru u moć Isusa koji je mogao da iscjeljuje samo pomoću Njegove Riječi. Iako je on bio kapetan Rimskog Carstva, on se ponizio i bio je voljan da se u potpunosti povinuje Isusu. Zbog ovih razloga, on je primio odgovor za svoju želju.

U Jevanđelju po Mateju 8:13, Isus je rekao kapetanu: „Idi, i kako si vjerovao neka ti bude" i sluga je u tom trenutku iscijeljen. Kada se Isus oglasio prvobitnim glasom, odgovor koji je dat je nadmašio prostor i vrijeme, kao što je kapetan vjerovao.

Moćna djela koja prevazilaze vrijeme i prostor

Psalmi 19:4 govore: „...ide kazivanje njihovo i riječi njihove na kraj vasiljene" (Nova standardna prerađena verzija). Kao što je rečeno, prvobitan glas koji potiče iz Isusovih ustiju može da dosegne do kraja svijeta a Božja moć je bila manifestvovana iznad granice prostora u skladu sa fizičkom razdaljinom.

Takođe jednom kada se prvobitni glas oglasi, on prevazilazi vrijeme. Zato i nakon nekog vremena, riječ je ispunjena jednom kada je naša posuda spremna da primi odgovor.

Toliko mnogo djela Božje moći izvan vremena i prostora se odigravaju u ovoj crkvi. 1999. tu je bila sestra devojčice iz Pakistana koja mi je došla sa slikom njene sestre koja se zvala Sintija. U to vrijeme, Sintija je umirala zbog suženja debelog crijeva i zbog celijakije.

Doktor je rekao da su šanse za preživljavanje male čak i ako je operišu. U toj situaciji, Sintijina starija sestra je došla k meni sa slikom njene sestre da primi moju molitvu. Od trenutka kad sam se molio za Sintiju, ona se vrlo brzo oporavila.

U oktobru 2003., žena pomoćnika sveštenika iz naše crkve, došla je da primi moju molitvu sa slikom njenog brata. Njen brat je imao problem sa brojem trombocita koji su se smanjivali. On je krvario preko mokraće, stolice, očiju, nosa i usta. Krv je takođe bila prisutna i u plućima i crevima. On je samo čekao na smrt. Ali kada sam se ja pomolio sa mojim rukama na njegvoj slici, broj trombocita se brzo povećao, a on se vrlo brzo oporavio.

Ovakva djela izvan vremena i prostora su se dešavala u velikom broju u ruskom pohodu održanom u St. Petersburgu u novembru 2003. Pohod je emitovan preko 12 satelita u više od 150 zemalja Rusije, Evrope, Azije, Sjeverne Amerike i Latinske Amerike. Emitovanje je uključivalo Indiju, Filipine, Australiju, SAD, Honduras i Peru. Takođe, istovrijemeno su održavani javni sastanci u 4 druga grada u Rusiji, i u Kijevu u Ukrajini.

Bilo da su ljudi prisustvovali ovim sastancima ili ih gledali od kuće na TV-u, oni koji su slušali poruku i primili molitvu sa vjerom, primili su isceljenje u isto vrijeme i poslali su nam njihova svjedočenja mejlom itd. Iako oni nisu bili u istom fizičkom prostoru kada se prvobitni glas oglasio, glas je djelovao na njih takođe jer su oni bili zajedno u istom duhovnom prostoru.

Ako imate istinsku vjeru i voljni ste da se povinujete Božjoj Riječi, pokazujete istinska djela ljubavi kao kapetan i vjerujete u Božju moć koji djela nadmašujući vrijeme i prostor, vi možete živjeti blagoslovenim životom, primajući odgovore na sve što tražite.

Za vrijeme održavanja dvonedjeljnih učestalih posebnih službi preporoda, koji su se održavali 12. godina od 1993. do 2004., ljudi su bivali iscijeljeni od različitih vrsta bolesti i primali su rješenja za različite životne probleme. Drugi su bivali vođeni ka putu spasenja. Ipak, Bog nas je natjerao da prestanemo sa ovim službama preporoda nakon službe preporoda 2004. godine. To je bilo zbog još većeg skoka naprijed.

Bog mi je dozvolio da započnem nove duhovne studije i počeo je da mi objašnjava drugu dimenziju duhovne stvarnosti. U početku nisam mogao da razumijem na šta se tačno mislilo. To su bili totalno novi termini takođe. Ali ja sam se samo povinovao i počeo sam da ih učim vjerujući da ću jednog dana razumijeti.

Prije oko 30. godina, ja sam primio Božju moć kroz mnogo molitvi i postova koje sam ponudio od kako sam postao pastor. Morao sam da se borim sa sa ekstremno toplim i hladnim tokom 10, 21, 40 dana posta i moljenja Bogu.

Ali duhovna učenja koja mi je Bog dao bila su neuporedivo bolniji trening nego ti napori. Morao sam da pokušam da razumijem stvari za koje nikad ranije nisam čuo i morao sam da se molim kao Jakov na rijeci Javok dok ih nisam razumijeo. Štaviše, morao sam i da trpim različite fizičke uslove mog tijela. Kao što bi astronaut morao da bude vrlo dobro utreniran da bi se prilagodio na život u svemiru, različite stvari su se dešavale u mom tijelu dok nisam dostigao dimenziju koju je Bog želio da dostignem.

Ali ja sam prevazišao svaki trenutak sa mojom ljubavlju i vjerom u Boga i konačno sam stekao duhovno znanje o porijeklu Boga Oca, o zakonu ljubavi i pravdenosti, kao i o mnogim drugim.

Dodatno, što sam bio bliže dimenziji koju je Bog želio da dostignem, moćna djela su se sve više i više događala. Brzina kojom su članovi crkve primali blagoslove se povećavala, kao i brzina događanja božanskih iscjeljenja. Bilo je sve više svjedočenja svakog dana.

Bog želi da ispunimo Njegovo proviđenje na kraju vremena sa najvišom i najvećom moći koju čovjek ne može ni da zamisli. Iz ovog razloga On nam je dao ovu moć, da bi se Veliko Svetilište izgradilo kao barka spasenja koja će proklamovati Božju slavu i odneti jevanđelje nazad u Izrael.

Izuzetno je teško propovjedati jevanđelje u Izraelu. Oni tamo ne dozvoljavaju okupljanje hrišćana. To može biti urađeno samo pomoću nevjerovatne Božje moći, koja čak može i uzdrmati svijet, a to je dužnost data našoj crkvi, da propovjeda jevanđelje u Izraelu.

Samo se nadam da ćete shvatiti da je vrijeme vrlo blizu da nam Bog otkrije sve Njegove krajnje planove, pokušajte da se ukrasite kao nevjeste Gospoda i učinite da sve ide dobro po vas, čak i ako vaša duša prosperira.

Primjeri iz Biblije 3

Moć Božja koja posjeduje četvrto nebo

Četvrto nebo je prostor isključivo za prvobitnog Boga. To je mjesto za Trojedinog Boga i tu je sve moguće. Stvari nastaju ni iz čega. Dok Bog gaji nešto u Njegovom srcu, to je učinjeno. Čak i čvrsti objekti se slobodno mogu pretvoriti u tečnost ili gas.

Prostor sa takvim karakteristikama se naziva „prostor četvrte dimenzije."

Djela koja koriste ovaj duhovni prostor četvrte dimenzije uključuju djela stvaranja, kontrolisanja života i smrti, iscjeljenja i druga djela koja nadmašuju vrijeme i prostor. Božja moć koja posjeduje četvrto nebo se danas manifestuje kao što je i juče.

1. Djela stvaranja

Djela stvaranja je stvoriti nešto prvi put što nikad ranije nije postojalo. Bilo je to djelo stvaranja kada je Bog stvorio Nebesa i zemlju i sve stvari u njima na početku samo pomoću Njegove Riječi. Bog može pokazati djela stvaranja jer On posjeduje četvrto nebo.

Djela stvaranja manifestvovana od strane Isusa

Pretvaranje vode u vino u Jevanđelju po Jovanu, poglavlje 2, djelo je stvaranja. Isus je bio pozvan na vjenčanje, a nestalo je vina.

Mariji je bilo žao ove situacije te je upitala Isusa za pomoć. Isus je prvo odbio, ali je Marija i dalje imala vjeru. Ona je vjerovala da će Isus pomoći domaćinu slavlja.

Isus je priznao Marijinu savršenu vjeru, te je rekao slugama da napune posude sa vodom i da ih odnesu glavnom konobaru. On se nije molio niti zapovjedao da se voda pretvori u vino. On je to samo gajio u Njegovom srcu i voda se u šest sudova u trenutku pretvorila u visoko-kvalitetno vino.

Djela stvaranja kroz Iliju

Udovica Sareptu u 1. Knjizi Kraljevima u poglavlju 17, bila je u veoma teškoj situaciji. Usled duge suše, zalihe hrane su joj nestale i ostalo joj je samo šaka brašna i malo ulja.

Ali Ilija joj je tražio da polomi parče hljeba i da mu ga da, govoreći: „Jer ovako veli GOSPOD Bog Izrailjev: „Brašno se iz zdjele neće potrošiti niti će ulja u krčagu nestati dokle ne pusti GODPOD dažda na zemlju"" (1. Knjiga Kraljevima 17:14). Udovica se povinovala Iliji bez pogovora.

Kao rezultat toga, ona i Ilija su u njenom domaćinstvu jeli mnogo dana, a zdjela sa brašnom se nije ispraznila, niti se ispraznila posuda sa uljem (1. Knjiga Kraljevima 17:15-16). Ovdje, šaka brašna i ulje u zdjeli koji se nisu ispraznili ukazujuna djela stvaranja.

Djela stvaranja kroz Mojsija

U Izlasku 15:22-23, mi nalazimo da su sinovi Izraela prešli Crveno more i došli u pustinju. Tri dana su prošla, a oni nisu uspevali da nađu vodu. Našli su vodu na mjestu koje se zove Mera, ali voda je bila gorka i nije bila pitka. Oni su počeli glasno da se žale.

Sada se Mojsije molio Bogu, a Bog mu je pokazao drvo. Kad je Mojsije drvo ubacio u vodu, voda je postala slatka i pitka. To nije bilo zbog toga što je drvo imalo neke elemente koji su mogli da izvuku gorak ukus iz vode. To je Bog pokazivao djelo stvaranja koje se manifestovalo kroz Mojsijevu vjeru i povinovanje.

Lokalitet slatke vode Muan

Muan Manmin crkva iskusila je djela stvaranja

Bog nam i danas pokazuje djela stvaranja. Slatka voda Muana je jedno takvo djelo. 4. marta 2000. ja sam se molio u Seulu da se slana voda u crkvi Muan Manmin pretvori u slatku vodu, a članovi crkve su potvrdili da je na molitvu odgovoreno sledećeg dana, 5. marta.
Muan Manmin crkva je okružena morem i tu se nalazila samo slana voda u bunaru. Morali su da dovedu pijaću vodu kroz cijev iz mjesta koje je 3 km udaljeno. To je bilo vrlo nezgodno.
Članovi Muan Manmin crkve su zapamtili događaj u Meri iz knjige Izlaska i zamolili su me da se molim sa vjerom da se slana voda pretvori u slatku. Tokom moje 10-dnevne molitve u planini od 21. februara, ja sam se molio za crkvu Muan Manmin. Članovi Muan Mnmin crkve takođe su postili i molili se za istu stvar.
Tokom moje molitve u planini ja sam se fokusirao samo na molitve i na Božju Riječ. Moj napor i vjera članova crkve Muan Manmin ispunili su uslove Božje pravednosti, te se takvo nevjerovatno djelo stvaranja manifestovalo.
Duhovnim očima, jedan je sposoban da vidi zrak svijetlosti sa Božjeg trona koji silazi čak dolje do kraja cijevi bunara, tako da kad

slana voda prođe kroz zrak, zrak je pretvori u slatku vodu.
Ali slatka voda Muana nije samo pitka. Kada je ljudi piju ili je koriste sa vjerom, oni primaju božansko iscjeljenje i odgovore na probleme u skladu sa njihovom vjerom. Postoji bezbroj svjedočenja ovakvih djela kroz slatku vodu Muana i mnogo ljudi širom svijeta posjećuje ovaj bunar crkve Muan Manmin.
Slatku vodu Muana testirala je američka agencija za hranu i lijekove, a njena bezbednost i dobar kvalitet je potvrđen u pet kategorija: sastav minerala, sadržaj teških metala, hemijskih ostataka, reakcija na koži i toksičnost na eksperimentalnim miševima. Ona je posebno bogata u mineralima, a njen sadržaj kalcijuma je tri puta veći nego u drugim poznatim mineralnim vodama iz Francuske i Nemačke.

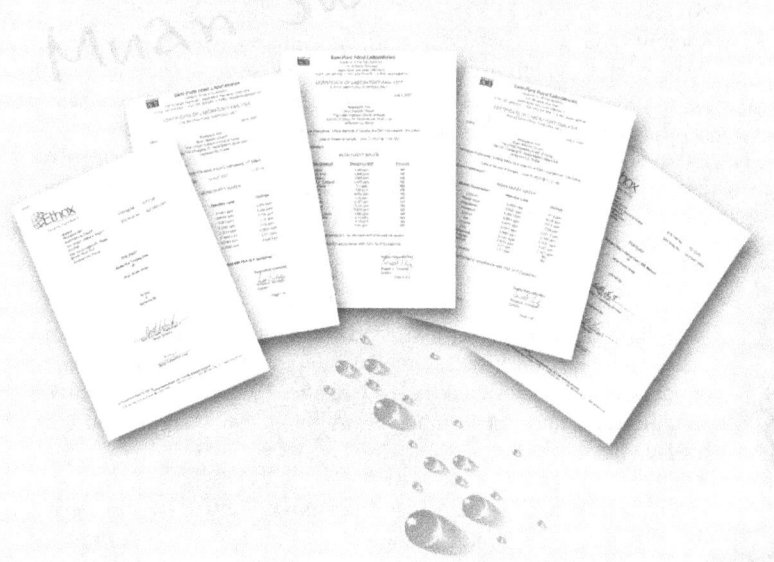

FDA (Agencija za hranu i lekove) rezultati testova

2. Kontrolisati život

U prostoru četvrte dimenzije, koja ima osobine četvrtog neba, nečemu mrtvom se može podariti život, ili se nešto živo može usmrtiti. To se odnosi na sve što ima život, na biljke ili životinje. Bio je to slučaj Aronove motke koja je iznikla. Bila je pokrivena prostorom četvrte dimenzije. Tako je u jednom danu suva motka iznikla, izbacila pupoljke, proizvela cvjetove i rodila zrele bademe. U Jevanđelju po Mateju 21:19, Isus je rekao drvetu smokve koje nije imalo plodove: „da nikad na tebi ne bude roda do vijeka." I odjednom je drvo smokve uvenulo. Ovo je takođe bilo učinjeno kada je drvo pokrio prostor četvrte dimenzije.

U Jevanđelju po Jovanu, poglavlje 11, mi čitamo o iskazu Isusa koji je oživio Lazara koji je bio mrtav četiri dana i već zaudarao. U slučaju Lazara, ne samo da je njegova duša morala da se vrati već i njegovo tijelo koje se već raspadalo, moralo je da bude potpuno obnovljeno. Ovo je bilo fizički nemoguće, ali je njegovo tijelo moglo da se oporavi u trenutku u prostoru četvrte dimenzije.

U centralnoj crkvi Manmin, brat koji se zvao Keonwi Park izgubio je vid u potpunosti na jednom oku, ali je ponovo progledao. On se podvrgnuo operaciji katarakte kad je imao tri godine. Usljedile su komplikacije i on je patio od ozbiljnog uveitisa i ablacije mrežnjače. Ako se retina odvoji, ne možete da vidite kako treba. Štaviše, on je patio i od očne pitijaze, što je smanjivanje očnih jabučica. Konačno je 2006.u potpunosti izgubio vid na lijevom oku.

Ali u julu 2007.on je primio njegov vid kroz moju molitvu. Njegovo lijevo oko nije bilo osjetljivo ni na svjetlost, a sada je mogao da vidi. Očna jabučica koja se smanjila, povratila je svoju normalnu veličinu.

Vid na njegovom desnom oku je takođe bio loš, 0,1 na skali, ali se poboljšao na 0,9. Njegovo svjedočenje sa svim medicinskim i bolničkim dokumentima je bilo prikazano na 5. Internacionalnoj konferenciji hrišćanskih ljekara održanoj u Norveškoj. Konferenciju je posjetilo 220 profesionalaca iz 41 zemlje. Njegov slučaj je izabran za najinteresantniji među mnogim drugim slučajevima koji su bili predstavljeni.

Ista stvar se može dogoditi i za druga tkiva i nerve. Iako su nervi ili ćelije mrtvi, oni ponovo mogu postati normalni ako ih prostor četvrte dimenzije pokrije. Fizički invaliditeti se takođe mogu popraviti u prostoru četvrte dimenzije. Druge bolesti izazvane bacilima ili virusima kao što je SIDA, tuberkuloza, prehlada ili

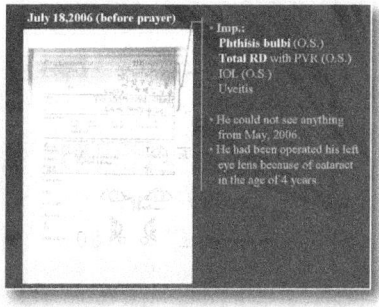

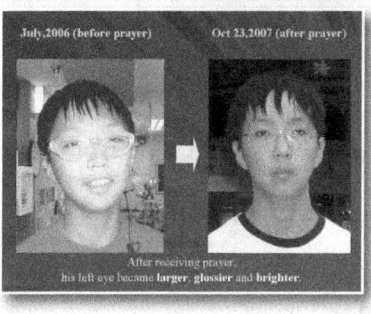

Slučaj Keonvi Park (Keonwi Park) predstavljen je na 5. WCDN Konferenciji.

groznica, mogu biti iscijeljene u prostoru četvrte dimenzije. U takvim slučajevima, vatra Svetog Duha silazi dolje i spaljuje bacile ili viruse. A oštećena tkiva će se oporaviti u prostoru četvrtog neba, i to je potpuno iscijeljenje. Čak i problem neplodnosti, ako se organ ili dio koji ima problem popravi u prostoru četvrte dimenzije, može se dobiti dijete. Da bismo bili iscjeljeni od bolesti ili slabosti pomoću Božje moći u prostoru četvrte dimenzije, mi moramo da zadovoljimo uslove Božje pravednosti.

3. Djela koja prevazilaze vrijeme i prostor

Moćna djela koja se dešavaju u prostoru četvrte dimenzije manifestuju se nadmašivanjem vremena i prostora. To je zato što prostor četvrte dimenzije sadrži i prekoračuje sve prostore drugih dimenzije. Psalmi 19:4 govore: „...po svoj zemlji ide kazivanje njihovo i riječi njihove na kraj vasiljene..." (NRSV) To znači da će reći Boga koje borave na četvrom nebu, stići do kraja svijeta. Čak i dvije tačke na velikoj udaljenosti na prvom nebu, fizičkoj stvarnosti, su kao da su jedna pored druge u konceptu prostora četvrte dimenzije. Svjetlost putuje oko Zemlje sedam i po puta u sekundi. Ali Svjetlost Božje moći može dostići kraj univerzuma za samo trenutak. Zbog toga, razdaljina u fizičkoj stvarnosti nema značaja ni ograničenja u prostoru četvrte dimenzije.

U Jevanđelju po Mateju poglavlje 8, kapetan je pitao Isusa da iscijeli njegovog slugu. Isus je rekao da će ući u njegov dom ali kapetan je rekao: „Gospode, nisam dostojan da pod krov moj uđeš; nego samo reci riječ, i ozdraviće sluga moj." Tako da je Isus rekao: „Idi, i kako si vjerovao neka ti bude." I ozdravi sluga njegov u tom času.

Zbog toga što Isus posjeduje prostor četvrtog neba, bolesna osoba koja je bila na udaljenom mjestu bila je iscijeljena na samu Isusovu zapovjest. Kapetan je primio takav blagoslov jer je pokazao savršenu vjeru u Isusa. Isus je takođe hvalio vjeru kapetana govorivši: „Zaista vam kažem, ni u Izrailju tolike vjere ne nađoh."

Čak i danas, za onu djecu koja su ujedinjena sa Bogom kroz savršenu vjeru, Bog pokazuje djela moći koja nadmašuju vrijeme i prostor.

Sintija u Pakistanu je umirala od celijakije. Lisije u Izraelu je umirao od virusne infekcije. Ali oni su bili izliječeni kroz moć molitve koja nadmašuje vrijeme i prostor. Robert Johnson u Sjedinjenim Državama je takođe primio iscjeljenje kroz moć molitve koja nadmašuje vrijeme i prostor. Njegova Ahilova tetiva je pukla i on nije mogao da hoda zbog jakog bola. Bez bilo kakvog medicinskog tretmana on se potpuno oporavio samo pomoću moći molitve koja nadmašuje vrijeme i prostor. Ovo je djelo moći koja se manifestuje u prostoru četvrte dimenzije. Izuzetna djela koja se manifestuju kroz maramice su takođe djela koja nadmašuju vrijeme i prostor. Čak i sa prolaskom vremena, dokle god je vlasnik maramice odgovarajući pred očima Boga, moć sadržana u njoj ne nestaje. Zbog toga, maramica na kojoj se molilo je vrlo dragocijena, jer može otvoriti prostor četvrte dimenzije bilo gde. Ali ako neko upotrebi maramicu na sraman način bez vjere, neće biti nikakvog Božjeg djela. Nije u pitanju samo onaj koji se moli sa maramicom, već i onaj za koga se moli treba da bude u skladu sa pravednošću. On mora da vjeruje da maramica sadrži Božju moć bez ikakve sumnje.

U duhovnoj stvarnosti, sve stvari se čine tačno i precizno u skladu sa pravednošću. Tako, vjera osobe koja se moli i za koju se moli se precizno mjeri, te će se Božje djelo manifestovati u skladu sa tim.

4. Upotreba duhovnog prostora

Isus Navin 10:13 govori: „...I stade sunce nasred neba i ne naže k zapadu skoro za cio dan." To se dogodilo kad se Isus Navin borio protiv Amorejaca dok je osvajao zemlju Hananeja. Kako se vrijeme na prvom nebu može zaustaviti na jedan dan? Dan je period vremena da se Zemlja jednom okrene oko svoje ose. Zato, da bi vrijeme stalo, i rotacija Zemlje mora da stane. Ali ako rotacija Zemlje stane, to bi imalo katastrofalne efekte ne samo na Zemlju, već i na druga nebeska tijela. Onda, kako vrijeme može da stane na jedan dan?

To je bilo moguće jer ne samo Zemlja, već je sve na prvom nebu bilo u toku vremena duhovnog kraljevstva. Tok vremena na drugom nebu je brži nego na prvom nebu, a tok vremena na trećem nebu je brži nego na drugom nebu. Ali tok vremena na četvrtom nebu može biti i brži i sporiji nego na drugim nebima. Drugim riječima, tok vremena na četvrtom nebu može slobodno varirati u skladu sa Božjim namjerama, jer On to gaji u svom srcu. On može produžiti, skratiti ili zaustaviti sam tok vremena.

U slučaju Isusa Navina, cijelo prvo nebo je bilo pokriveno prostorom četvrte dimenzije, a vrijeme je produžavano po potrebi. U Bibliji mi možemo vidjeti još jedan iskaz kada je tok vremena bio skraćen. To je bio slučaj kada je Ilija brže trčao od kočija kralja u 1. Knjizi Kraljevima, poglavlje 18.

Skraćivanje toka vremena je suprotno od produženog toka vremena. Ilija je trčao svojom brzinom, ali zbog toga što je tok vremena bio skraćen, on je mogao brže da trči od kraljevske kočije. Djela stvaranja, oživljavanje mrtvih i djela koja nadmašuju vrijeme i prostor se čine u toku vremena koje je stalo. Zato se u fizičkom svijetu određeno djelo odmah učini na zapovjest ili ako se gaji u srcu.

Pogledajmo šta je bilo slično „teleportaciji" Filipa, u Djelima apostolskim, poglavlje 8. On je bio vođen Svetim Duhom da se stretne sa etiopijskim evnuhom na putu koji se spušta od Jerusalima ka Gazi. Filip je propovjedao Jevanđelje o Isusu Hristu i krstio ga sa vodom. Onda se Filip odjednom pojaviou gradu Azot. To je bila vrsta „teleportacije."

Da bi se ova teleportacija dogodila, jedan je morao da prođe kroz duhovni prolaz koji se formira u prostoru četvrte dimenzije, koja ima osobine četvrtog neba. U ovom prolazu tok vremena je zaustavljen i zbog toga čovjek može preći udaljenost istog trenutka. Ako možemo da koristimo ovaj duhovni prolaz, mi možemo kontrolisati čak i vremenske uslove. Na primjer, pretpostavimo da postoje dva mjesta na kojima ljudi pate od suše i poplava. Ako se kiša na poprištu poplave može poslati na mjesto suše, problem oba mjesta bio bi riješen. Čak i da se tajfuni i uragani pomjeraju kroz duhovne prolaze na mjesto koje je nenaseljeno, to ne bi izazvalo nikakav problem. Ako koristimo duhovni prostor, mi možemo kontrolisati ne samo tajfune, već i vulkanske erupcije i zemljotrese. To je kao da pokrijemo vulkan ili poreklo zemljotresa duhovnim prostorom. Ali sve ove stvari su moguće samo ako je odgovarajuće u skladu sa Božjom pravednošću. Na primjer, da bi zaustavili prirodnu katastrofu koja utiče na cijelu naciju, odgovarajuće je za lidere zemlje da zatraže molitvu. Takođe, čak i ako se duhovni prolaz formira, mi ne možemo u potpunosti ići protiv pravednosti prvog neba. Efekti duhovnog prostora će biti ograničeni do mjere gdje prvo nebo neće pretrpjeti haos nakon što se duhovni prostor podigne. Bog upravlja svim nebima pomoću Njegove moći i On je Bog ljubavi i pravednosti.

(Kraj)

Autor:
Dr. Džerok Li

Dr. Džerok Li je rođen u Muanu, Džeonam provinciji, Republika Koreja, 1943. godine. U svojim dvadesetim, Dr. Li je sedam godina patio od mnoštva neizlječivih bolesti i iščekivao smrt bez nade za oporavak. Jednog dana u proljeće 1974. god, njegova sestra ga je odvela u crkvu i kad je kleknuo da se pomoli, Živi Bog ga je momentalno izliječio od svih bolesti.

Od trenutka kad je Dr. Li sreo živog Boga kroz to divno iskustvo, on je zavolio Boga svim svojim srcem i iskrenošću, a u 1978. god., je pozvan da bude sluga Božji. Molio se revnosno uz nebrojene molitve u postu kako bi mogao jasno da razumije volju Božju, u potpunosti je ispuni i posluša Riječ Božju. Godine1982. je osnovao Manmin centralnu crkvu u Seulu, Koreja i bezbrojna djela Božja uključujući čudesna isceljenja, znaci i čuda se ot tada dešavaju u njegovoj crkvi.

U 1986. god. Dr. Li je zareden za pastora na godišnjem Zasjedanju Isusove Sungkjul crkve Koreje i četiri godine kasnije u 1990.god. njegove propovjedi su počele da se emituju u Australiji, Rusiji i na Filipinima. U kratko vrijeme i u mnogim drugim zemljama, preko Radio difuzne kompanije Daleki Istok, Azija radio difuzne kompanije i Vašingtonskog hrišćanskog radio sistema.

Tri godine kasnije, 1993.god., Manmin centralna crkva je izabrana za jednu od "Svetskih top 50 crkava" od strane magazina Hrišćanski svijet (Christian World) a on je primio počasni doktorat bogoslovlja od Koledža hrišćanske vjere, Florida, SAD, i 1996. god. Doktorat Doktorat iz Službe od Kingsvej teološke bogoslovije, Ajova, SAD.

Od 1993.god., dr. Li prednjači u svjetskoj evangelizaciji kroz mnogo inostranih pohoda u Tanzaniji, Argentini, Los Anđelesu, Baltimoru, Havajima i Nju Jorku u Sjedinjenim Američkim Državama, Ugandi, Japanu, Pakistanu, Keniji, Filipinima, Hondurasu, Indiji, Rusiji, Njemačkoj, Peruu, Demokratskoj Republici Kongo, Izraelu i Estoniji.

U 2002. godini bio je priznat kao „svjetski obnovitelj" zbog njegovih snažnih svješteničkih službi u mnogim prekomorskim pohodima od strane hrišćanskih novina u Koreji. Izvanredan je bio njegov „Njujorški pohod 2006. god" održan u Medison skver gardenu, najpoznatijoj svjetskoj areni. Događaj je emitovan za 220 nacije a na njegovom „Ujedinjenom pohodu u Izrael 2009. god." održanom i Međunarodnom konvencionalnom centru (International Convention Center (ICC)) u Jerusalimu on je hrabro izjavio da je Isus Mesija i Spasitelj.

Njegove propovjedi emitovane su za 176 nacija putem satelita uključujući GCN TV i bio je svrstan kao jedan od „Top 10 najuticajnijih hrišćanskih vođa" 2009-e i 2010-e godine od strane popularnog Ruskog hrišćanskog časopisa U pobjedu (In Victory) i novinske agencije Hrišćanski telegraf (Christian Telegraph) za njegovu moćnu svješteničku službu TV emitovanja i njegove inostrane crkveno pastorske službe.

Od decembra 2016 god., Manmin Centralna Crkva ima zajednicu od preko 120 000 članova. Postoji 11000 ogranaka crkve širom planete uključujući 556 domaćih ogranaka crkve i do sad više 102 misionara su opunomoćena u 23 zemlje, uključujući Sjedinjene Države, Rusiju, Njemačku, Kanadu, Japan, Kinu, Francusku, Indiju, Keniju i mnoge druge.

Do datuma ovog izdanja Dr. Li je napisao 105 knjiga, uključujući bestselere: Probanje Vječnog života prije smrti, Moj život Moja vjera I & II, Poruka sa krsta, Mjera vjere, Nebo I & II, Pakao i Moć Božja. Njegove knjige su prevedene na više od 76 jezika.

Njegove Hrišćanske rubrike se pojavljuju u Hankok Ilbo, JongAng dnevniku, Dong-A Ilbo, Munhva Ilbo, Seul Šinmunu, Kjunghjang Šinmun, Hankjoreh Šinmun, Korejski ekonomski dnevnik, Koreja glasnik, Šisa vijesti, i Hrišćanskoj štampi.

Dr. Li je trenutno na čelu mnogih misionarskih organizacija i udruženja. Pozicije uključuju: Predsjedavajući, Ujedinjene svete crkve Isusa Hrista; predsjednik, Manmin svjetska misija; stalni predsednik, Udruženje svjetske hrišćanske preporodne službe; osnivač i predsjednik odbora, Globalna hrišćanska mreža (GCN); osnivač i član odbora, Mreža svjetskih hrišćanskih lekara (WCDN); i osnivač i član odbora, Manmin internacionalna bogoslovija (MIS).

Druge značajne knjige istog autora

Raj I & II

Detaljna skica predivne životne okoline u kojoj rajski stanovnici uživaju i preljepi opisi različitih nivoa nebeskih kraljevstva.

Poruka sa Krsta

Moćna probuđujuća poruka za sve ljude koji su duhovno uspavani! U ovoj knjizi naći ćete razlog da je Isus jedini Spasitelj i iskrenu ljubav Božju.

Pakao

Iskrena poruka cijelom čovječanstvu od Boga, koji želi da čak ni jedna duša ne padne u dubine Pakla! Otkrićete nikad do sad otkriveni iskaz o okrutnoj stvarnosti Nižeg Hada i Pakla.

Duh, Duša i Tijelo I & II

Vodič koji nam daje duhovno objašnjenje duha, duše i tijela i pomaže nam da pronađemo kakvog „sebe" smo mi načinili da bi mogli da dobijemo moć da pobjedimo mrak i postanemo duhovna osoba.

Mjera Vjere

Kakvo mjesto stanovanja, kruna i nagrade su spremne za vas u Raju? Ova knjiga obezbjeđuje mudrost i smjernice za vas da izmjerite vašu vjeru i gajite najbolju i najzreliju vjeru.

Probuđeni Izrael

Zašto Bog upire Svoje oči na Izrael od početka svijeta pa do današnjeg dana? Kakvo Njegovo proviđenje je spremljeno za Izrael u poslijednjim danima, koji očekuje Mesiju?

Moj život, Moja Vjera I & II

Najmirisnija duhovna aroma izvučena iz života koji je cvjetao sa neuporedivom ljubavlju za Boga, u sred crnih talasa, hladnih okova i najdubljeg očaja

Moć Božja

Obavezno-pročitati, koja služi kao suštinski vodič po kojem čovjek može posjedovati pravu vjeru i iskusiti čudesnu moć Božju.

www.urimbooks.com

www.ingramcontent.com/pod-product-compliance
Lightning Source LLC
LaVergne TN
LVHW021820060526
838201LV00058B/3451